Kohlhammer

Christine Wenona Hoffmann
Ann-Kathrin Knittel

Predigt und Exegese im Atelier

Ein Praxisbuch

Mit einem Nachwort von Gerd Theißen

Verlag W. Kohlhammer

Projektgefördert durch die Alfons und Gertrud Kassel-Stiftung, Frankfurt am Main.

Umschlagfoto: fietzfotos über Pixabay.

1. Auflage 2023

Alle Rechte vorbehalten
© W. Kohlhammer GmbH, Stuttgart
Gesamtherstellung: W. Kohlhammer GmbH, Stuttgart

Print:
ISBN 978-3-17-041654-3

E-Book-Format:
pdf: 978-3-17-041655-0

Für den Inhalt abgedruckter oder verlinkter Websites ist ausschließlich der jeweilige Betreiber verantwortlich. Die W. Kohlhammer GmbH hat keinen Einfluss auf die verknüpften Seiten und übernimmt hierfür keinerlei Haftung.
  Dieses Werk einschließlich aller seiner Teile ist urheberrechtlich geschützt. Jede Verwendung außerhalb der engen Grenzen des Urheberrechts ist ohne Zustimmung des Verlags unzulässig und strafbar. Das gilt insbesondere für Vervielfältigungen, Übersetzungen, Mikroverfilmungen und für die Einspeicherung und Verarbeitung in elektronischen Systemen.

Inhaltsverzeichnis

Bekannt, aber doch ganz anders – ein Treffen im Atelier 7

Das Material vorbereiten – Übersetzung 21

Die kreative Kraft der (Re-)Produktion – Textkritik 35

Die Formen aufräumen – Sprachliche Analyse 47

Die Collage und ihre Spielarten – Literarkritik und
Redaktionsgeschichte 69

Die Gemäldebeschriftung – Traditionsgeschichte 95

Eine Plastik ist kein Gemälde – Formkritik 121

Predigt und Exegese – in guten und in bösen Tagen 137

Dank 147

Werkbesprechung – ein Nachwort 149

Hilfsmittel und Literaturempfehlungen 155

Bibelstellenregister 165

Inhaltsübersicht – ein Register der Inspiration 169

Bekannt, aber doch ganz anders – ein Treffen im Atelier

Exegese im Atelier. Das bringt zwei Dinge zusammen, die scheinbar nicht zusammengehören. Die manchen pedantisch anmutende, historisch ausgerichtete Rekonstruktionsarbeit von Bibelwissenschaftler:innen und die schöpferisch-kreative, freie Atmosphäre eines Ateliers. *Predigt im Atelier* hingegen ist in den letzten Jahren ein geläufiger Begriff und ein gängiges Bild für die Predigtarbeit geworden, in dem die Predigt primär von ihrer Eigenschaft als Kunstwerk her gedacht wird und sich an unterschiedlichsten Kunstformen orientiert und diese in Form, Bewegung und Art aufnimmt.[1] Was heute jedoch relativ selbstverständlich scheint, war zu Beginn (zumindest im deutschsprachigen Raum) großen Vorbehalten ausgesetzt: Stellt die Einordnung der Predigt unter die Kunstformen nicht eine unzulässige theologische Verkürzung dar, bei der dann nur noch ästhetische Aspekte bearbeitet werden? Befördert das Paradigma des Künstlerischen nicht wieder elitäre Sprachformen, die vor allem akademisch gebildetes Publikum ansprechen? Diese Einwände wurden in der Praxis entkräftet – im Gegenteil wurde die Predigtkultur im deutschsprachigen Raum durch diese Bewegung um einiges bunter und hat sich teilweise zu einem Gebiet des intensiven Austauschs und der Zusammenarbeit entwickelt. Es ist nicht das Atelier eines einsamen Genies, sondern

---

1 Vgl. Eugene L. Lowry, *The Homiletical Plot. The Sermon as Narrative Art Form*, Louisville 1980/2001 sowie prominent und im deutschsprachigen Kontext vielfach aufgenommen: David Buttrick, *Homiletic. Moves and Structures*, London 1987. Erstmals in deutscher Sprache bei Martin Nicol/Alexander Deeg, *Im Wechselschritt zur Kanzel*, Göttingen ²2013.

eines schöpferischen Kollektivs geworden. Eine zweite Gefahr, wenn wir hinsichtlich der Predigt auf das Bild der Kunst zurückgreifen, liegt in dem Missverständnis, es komme ausschließlich auf den Kuss der Muse, auf kreative oder – das entsprechend christliche Pendant – das Wirken des Geistes an. Nun wird keine kunstschaffende, aber auch keine predigende Person ernsthaft abstreiten wollen, dass der Startpunkt, der Einfall oder die Eingebung essenziell für ihr Arbeiten sind, doch ist die Erfahrung auch, dass nicht jede Predigt auf *den* genialen Predigteinfall zurückgeht und nicht jedes Kunstwerk im gleichen Maße originär ist. Manchmal, und wohl in der Mehrzahl der Fälle, ist das Ergebnis solide. Es ist die Anwendung erlernter Schritte, handwerkliche Arbeit, die nach einem bestimmten Schema abläuft, manchmal eine Variation von schon bestehenden Arbeiten. Und all dies hat sein Recht und auch seinen Wert. Denn mal ganz abgesehen davon, dass die Kunstfertigkeit einer Predigt sich nicht zwangsläufig direkt proportional zu deren Beliebtheit verhält, zeigt der beschriebene Sachverhalt eben auch, dass jede Kunst auf ihren handwerklichen Grundlagen fußt und sich im Zweifelsfall auch lediglich auf diese stützen kann. Denn „Kunst" kommt tatsächlich von „können", vom althochdeutschen *kunnan*, das auch „kennen, beherrschen, verstehen" bedeutet. Exegese und Predigt treffen sich im Atelier also in diesem Punkt.

Es gibt also keine Kunst ohne Beherrschung der Techniken bzw. den bewussten und reflektierten Einsatz von Medien. Denn nicht nur, wer etwas handwerklich Herausragendes schaffen kann ist ein:e Künstler:in, sondern auch, wer es versteht, durch (De-)Kontextualisierung von vorgegebenem Material neue Sinnbildungsprozesse anzustoßen. So ist Kunst darüber hinaus vor allem Deutung und gezieltes *framing*. Nur dadurch ist es möglich, das 1917 in New York von Marcel Duchamp ausgestellte Pissoir als Kunst zu besprechen.

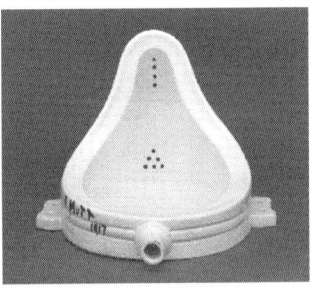

Abb. 1: Marcel Duchamp, Fountain, 1917

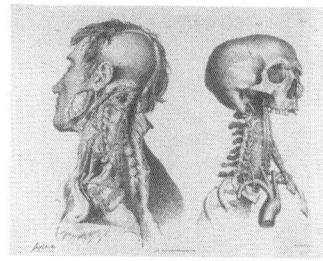

Abb. 2: Joseph Maclise, Platte 18, 1844

Anders verhält es sich mit den anatomischen Zeichnungen von Joseph Maclise: Sind diese Zeichnungen Kunst? Zweifelsohne zeugen sie von hoher Kunstfertigkeit und muten geradezu surrealistisch an.[2] Hier wird exakt und detailgetreu abgebildet, was dem Auge sonst verborgen bleibt – die Graphik bildet und schafft Erkenntnis über das Offensichtliche hinaus. Doch ihr wissenschaftlicher Rahmen entzieht die Bilder gewissermaßen dem Bereich der Kunst.

Eine Frage des framings ist entsprechend auch die Auslegung biblischer Texte. Das eine ist Verkündigung, das andere Wissenschaft. Und doch ist beides Textgespräch und eine Kunst. Künste mit unterschiedlichem Zugriff – sicherlich. Wo Predigten oft die bewusste Zuspitzung suchen, stärker in den Farbtopf greifen, arrangieren, kleben, expressionistisch arbeiten, um vor allem etwas auszudrücken, auszusagen, nicht nur naturgetreu zu beschreiben, gleicht die wissenschaftliche Exegese vielleicht eher der Bleistiftskizze à la Maclise.

Nicht von ungefähr steht am Beginn eines Seminars, das Theologiestudierende an der Universität in die Methoden der wissenschaftlichen Bibelauslegung einführen sollte, häufig der berühmte Essay von S. Scudder: „Look at your fish!"

Samuel H. Scudder (1837–1911) war ein amerikanischer Insektenkundler, der bei dem bekannten Zoologen J. L. R. Agassiz (1807–1873) in Harvard studierte. In dem erzählerischen Essay, der ursprünglich 1874 anonym veröffentlicht wurde, erinnert sich Scudder an seine erste Begegnung mit Professor Agassiz: Der junge, enthusiastische Student erhält am ersten Tag seines Studiums einen in Alkohol konservierten Fisch von Prof. Agassiz. „Nehmen Sie diesen Fisch", sagte er, „und sehen Sie ihn sich an; wir nennen ihn Hä-

---

2   Vgl. Richard Quain, *The Anatomy of the Arteries of the Human Body with Its Applications to Pathology and Operative Surgery. In Lithographic Drawings with Practical Commentaries, the Drawings from Nature and on Stone by Joseph Maclise*, London 1844.

> mulon; nach und nach werde ich Sie fragen, was Sie gesehen haben." Nachdem Scudder etwas enttäuscht und bald gelangweilt mehrere Stunden mit seinem Fisch verbracht hat, zieht er einen Bleistift hervor und beginnt, den Fisch zu zeichnen. Dabei fallen ihm immer mehr Einzelheiten auf. Als der Professor vorbeikommt, ist er erfreut: „Das ist richtig – ein Bleistift ist eines der besten Augen." Er fragt den Studenten über seine Erkenntnisse aus. Als dieser alles aufgezählt hat, meint Agassiz etwas enttäuscht: „Sie haben nicht genau hingesehen; warum haben Sie nicht einmal eines der auffälligsten Merkmale des Tieres gesehen, das so deutlich vor Ihren Augen liegt wie der Fisch selbst? Schauen Sie genauer hin – look at your fish!" So geht es weiter, über Tage. Scudder erkennt nach und nach die wesentlichen Merkmale des Fisches und immer treibt ihn sein Professor an: „Gut, sehr gut. Aber das ist noch nicht alles, machen Sie weiter. Look at your fish." Scudder resümiert: Das war die beste Schule in Insektenkunde, die ich jemals hatte! Er hatte gelernt, wie man genau hinschaut.
>
> So ähnlich wie die vielen Stunden mit Fischglas und Bleistift ist manchmal auch die Kunst der Exegese. Sie übt sich im langen Atem und in der Detailverliebtheit und versucht doch, die Gesamtzusammenhänge zu verstehen. Sie möchte zunächst möglichst genau beschreiben und entwirft dabei ihr eigenes Bild dessen, was sie untersucht, und ist sich dabei (im besten Fall immer) bewusst, dass das, was sie da zeichnet, eben eine Zeichnung und nicht der Fisch selbst ist.
>
> 📖 Samuel Scrudder, Look at Your Fish, in: M. Mayfield (Hg.), Thinking for Yourself. Developing Critical Thinking Skills Through Reading and Writing, Marceline/Missouri [7]2007 17–20.

Dennoch: Sowohl Predigt als auch Exegese brauchen einen Blick für das richtige Verhältnis. Denn nicht jede sauber ausgeführte Bleistiftzeichnung ist ein Kunstwerk. Und auch jeder, der sich mal an einer wissenschaftlichen Exegese versucht hat, weiß: Auch wenn man alle Methodenschritte je für sich sauber ausgeführt hat, hat man noch keine ineinandergreifende, fruchtbare Textauslegung zustande gebracht.

Doch offenbar ist in den letzten Jahrzehnten das Potenzial der Exegese fürs Predigen aus dem Blick geraten. Im Bild gesprochen: Es ist der Eindruck entstanden, dass eine genaue Bleistiftzeichnung nicht in farbintensive abstrakte Kunst hineinpasst. Jahrelang standen andere Faktoren der Predigt im Fokus des homiletischen Interesses, der sich wie eine

Wellenbewegung durch die Zeit zieht. Während lange Jahre eine möglichst enge Anbindung an das biblische Wort Hauptanliegen der Homiletik war, kamen, spätestens mit Ernst Lange, die Hörenden in deren Fokus, diesen folgten die Predigenden und schließlich ihre Performanz.[3] Auf jeder dieser Stufen wurde – nach einiger Zeit und dem Abklingen anfänglicher Euphorie, endlich den Schlüssel gefunden zu haben – doch relativ schnell deutlich, dass auch diese nicht der Stein der Weisen ist, sondern weitergesucht werden muss. Heute nun finden wir uns an einem Punkt wieder, an dem dreierlei deutlich geworden ist:

1. Die Predigt ist kein Handwerk, dessen regelrechte Ausübung ihr Gelingen garantiert, sondern eine Kunst, deren Wirkung riskant bleibt, die aber vom Handwerk maßgeblich abhängt.[4]
2. Es geht um ein Miteinander, nicht Gegeneinander der unterschiedlichen Predigtfaktoren (Text – Prediger:in – Hörer:innen).
3. Die Wege zur und die Formen der Predigt sind in den vergangenen Jahren immer vielfältiger geworden. Zwischen Playing Arts und Laptop, zwischen minutiös aufgeschriebenem Sprachspiel und an der freien Rede orientierten Formaten wie z.B. TED-Talks, zwischen Schreib-Retreat und Chatrückmeldung entstehen heutzutage Predigten.

Darin kommt nach wie vor auch dem etwas angestaubten, doch wieder nach einsamem Studierzimmer riechendem Wort Exegese eine zentrale Bedeutung zu – das zeigen die verschiedenen und anhaltenden Versuche, exegetische Zugangsweisen und Erkenntnisse für die Praxis umsetzbar zu gestalten. Denn sie ist eine viel bessere Gesprächspartnerin als das spartanisch eingerichtete Studierzimmer phantasieren lässt. Exegese: „(Her-)Aus-Führung", häufig wiedergegeben mit „Aus-Legung" oder vielleicht auch „Ent-Faltung". Dieses Bild zeugt von einem großen Zutrauen in die Schrift, aber auch in Texte im Allgemeinen: Es geht hier im

---

3 Ähnlich Gerd Theißen, *Exegese und Homiletik. Neue Textmodelle als Impulse für neue Predigten*, hg. von Uta Pohl-Patalong/Frank Muchlinsky, *Predigen im Plural. Homiletische Perspektiven*, Hamburg 2001, 55–67.
4 So bereits Henning Luther, *Predigt als inszenierter Text. Überlegungen zur Kunst der Predigt*, in: ThPr 18, 1983, 89–100.

wahrsten Sinne des Wortes um Ent-Faltung und damit auch um die Annahme: So vieles ist da angelegt. Die Schrift ist quasi wie ein großer, orientalischer Teppich, den man ausrollen muss, um ihre Muster zu erkennen. Das ist Ausgangspunkt jüdischer und kirchlicher Auslegungspraxis über lange Zeit gewesen.

Auf Mustersuche begibt sich auch die wissenschaftliche Auslegung, wenn sie nach großen und kleinen Linien, aber auch nach den großen und kleinen Bestandteilen des Teppichs fragt. Ja, sie fragt sogar, wer die Fäden gesponnen hat, aus denen der Teppich gewebt wurde, aus welchem Holz der Webstuhl war und wo noch derartige Webstühle benutzt wurden. Früher war man auch hier am Ent-falten. Zuversichtlich, ganze Welten aus den Texten entwickeln zu können. Auch die Bibelwissenschaftler vergangener Tage konnten große Geschichten erzählen. Doch statt von „Aus-legung" würden die meisten Bibelwissenschaftlerinnen heute wohl eher von Mosaikarbeit sprechen. Sie versuchen, verschiedene Fragmente zusammenzusetzen, von Ausschnitten auf das größere Bild zu schließen. Dabei muss manches auch erstmal in Spannung nebeneinander stehen bleiben.

Die Wortwahl vom „Aus-legen" zeichnet nämlich auch ein problematisches Bild. Als wäre alles im Text erklärbar und eindeutig und es käme nur darauf an, das Ganze möglichst falten- und knitterfrei auszubreiten. Dieses Bild suggeriert zudem, dass es möglich wäre: nur den Teppich zu sehen. Objektiv zu sehen. Ohne Untergrund, ohne Rahmen, ohne eigene Perspektive. Doch immer bauen wir den Sinn des Textes von Neuem zusammen. Egal, mit wie vielen Zusatzinformationen wir ihn versuchen abzusichern. Jede gute Predigt, aber auch jede wissenschaftliche Arbeit tut gut daran, sich das vor Augen zu halten. So haben sich mit der Zeit auch engagierte Exegesen – wie gendersensible, sozialgeschichtliche oder postkoloniale Auslegungsansätze –, die besonders auf ihre eigene Perspektive reflektieren, herausgebildet. In diesem Sinne ist Predigt eine ganz besonders engagierte Exegese, nämlich eine, die bewusst weiterführt, was im Text vielleicht nur punktuell anklingt, die ihn ganz gezielt in eine konkrete Zeit und einen konkreten Ort hineinstellt und mit eigenen Wahrnehmungen ver-spricht. Predigt ist eine Exegese, die immer wieder neu geschrieben wird.

Die Zugänge zur Bibel sind unterschiedlich. Sie sind es schon mit Blick auf wissenschaftliche, also methodisch geregelte und methodologisch reflektierte Perspektiven, noch viel mehr sind sie es in der praktischen Arbeit und in der Predigtvorbereitung. Während die eine ihren festen Weg mit dem Predigttext des kommenden Sonntags hat, Montag für Montag in ein Gespräch eintritt, während der Woche andere Gesprächspartner dazu einlädt, und ihre Predigt langsam wachsen lässt, kann sich der andere darauf verlassen, dass ein langer, aber intensiver Austausch am Samstagabend reicht. Beides hat seine Vor- und Nachteile und oft genug vereinen sich beide Vorgehensweisen in einer Person. Denn keine Woche und auch keine Gottesdienstgemeinde gleicht der anderen. Aber auch kein Text und kein Sonntag gleichen einander. Kantate 2024 ist etwas anderes als Kantate 2025. Eine Predigt über das Gleichnis vom Senfkorn birgt andere Herausforderungen als eine über die Kundschafter und Hure Rahab. Was uns in welchem Kontext in einem biblischen Text anspricht, welche Bedeutung wir welchen Details und Themen geben, hängt an vielen Faktoren. Und doch gibt es bestimmte Zugänge, die wir bevorzugen, wenn wir uns auf den Weg machen.

Auch wir beide, die wir dieses Buch schreiben, haben einen Zugang gefunden, der uns wie ein altbewährter Freund geworden ist, nämlich einen exegetisch-wissenschaftlich geprägten. Die ersten Schritte auf diesem Weg haben wir in exegetischen Proseminaren unternommen und sind von dort aus in unterschiedliche Richtungen weitergelaufen, haben uns im Mosaikputzen geübt und viele Schätze gehoben, um uns am Ende beim Predigen wiederzutreffen. So gesehen ist dieses Buch auch eine Liebeserklärung. Eine Liebeserklärung an ein Teilgebiet der Theologie, das einen schwirigen Ruf hat. Exegetisches Vorgehen wird von Studierenden wie auch Pfarrer:innen nach wie vor häufig als unpraktikabel und realitätsfern für das Praxisfeld Gemeinde empfunden. Selbst in der homiletischen Diskussion und Ausbildung rangiert Exegese unter dem Stichwort der Vorarbeiten oder wird auf die Funktion eines „Filters" reduziert, der den Text gewissermaßen seiner Schwebeteilchen entledigt. Damit wird aber gerade festgeschrieben, was der Exegese oft vorgeworfen wird: zu unflexibel, zu ergebnisorientiert, zu wertend zu sein. Doch auch die Exegese kann und braucht den Wechselschritt.[5] Diese Erfahrung haben wir gemacht. Wir sehen aber auch, dass unser Freund ein wenig kauzig rüberkommen kann. Wie viele belesene Herrschaften gehobenen Alters kann er einem leicht das Gefühl vermitteln, man könne es quasi gar nicht richtig machen. Und doch sind wir immer wieder überrascht von seiner Lebensweisheit, Aktualität, seiner Bereitschaft, sich selbst zu hinterfragen, und der Sicherheit im Wechselschritt, die nur ältere Ehepaare an den Tag legen, wenn sie zur Hochzeit der Enkel für ein Lied auf die Tanzfläche gehen.

In dieser kleinen Liebeserklärung wird deutlich: Wenn wir von „Exegese" sprechen, verwenden wir diesen Begriff im klassischen Sinn, wohlwissend um die anregende Vielfalt anderer exegetischer Zugänge (gendersensible, narratologische, postkoloniale u.v.a.) sowie sein heutiges weites Verständnis. Exegese bezeichnet vorliegend die Auslegung eines biblischen Textes, die ihn versucht in seiner Geschichtlichkeit zu analysieren und zu beschreiben. Hierzu greift sie auf einen etablierten Pool an Methoden zurück, der Jahrzehnte lang als „Goldstandard" der Texterschließung galt. Daneben beziehen exegetische Untersuchungen heute auch selbstverständlich Einsichten der Erzähltheorie, der Sozialgeschichte und vieler anderer Ansätze mit ein.

Wer aufgrund der Gliederung dieses Buches, die sich an den klassischen Methodenschritten orientiert, nun also erwartet oder befürchtet, dass hier mehr oder minder doch wieder das, was in mancher wissenschaftlichen Predigtausarbeitung erwartet wurde, zu leisten sei, wird bei einem Blick in die Kapitel feststellen: Was klassisch verpackt ist, ist nicht unbedingt klassisch gefüllt. Vielmehr werden die einzelnen Methodenschritte und -zugänge für die Predigt synchron, fluide und kreativ erschlossen, die Exegese „im klassischen" Sinne gerade dadurch gewürdigt und aktuell gehalten.

Wir wissen, dass der Pfarralltag engmaschig gestrickt ist, dass Prädikant:innen sich meist neben Beruf und Familie in ihrer Freizeit Gottes-

---

5 Zum Bild des Wechselschrittes vgl. Martin Nicol/Alexander Deeg, *Im Wechselschritt zur Kanzel*, Göttingen ²2013, 13f.

dienste erarbeiten und beides oft keinen Platz für kleinschrittige Predigtvorbereitung, geschweige denn wissenschaftliche Eskapaden bietet. Wir glauben auch nicht, dass man nur gut predigen kann, wenn man vorher einen Kommentar zurate gezogen hat. Aber wir glauben, dass die wissenschaftliche Exegese besser ist als ihr Ruf und mit ihren oft detailverliebten Fragen und Beobachtungen überraschend anschlussfähig für das, was Prediger:innen brauchen und umtreibt. Wir setzen daher bei den Details an und nicht bei einer Gesamtinterpretation des Textes, die man als „Extrakt" nach der Anwendung aller Methodenschritte gewonnen zu haben glauben könnte und die dann entsprechend in der Predigt zu übersetzen oder anzuwenden wäre. Ein solches Verständnis ist sowohl exegetisch wie auch homiletisch schwierig. Wir glauben vielmehr, dass in der exegetischen Arbeit vielfältige Fährten gelegt werden, denen es sich nachzugehen und mit denen sich eine Auseinandersetzung lohnt.

In den vergangenen Jahren ist eine große Bereitschaft sichtbar geworden, sich auf alternative Predigtformate und fortwährende Arbeit an der eigenen Predigtsprache einzulassen. Diese eingeschlagenen Wege hin zu einer einfacheren, aber nicht unterkomplexen Predigtsprache, zu dynamischen Vollzügen anstatt Drei-Punkte-Traktaten, zu kooperativer Predigterarbeitung schätzen wir sehr. Ja, wir glauben sogar, dass sie exegetisch fundierter Predigtarbeit sehr entgegenkommen. An dieser Stelle möchten wir mit „Predigt und Exegese im Atelier" Brücken schlagen und die bestehenden Angebote um „exegetische Sprungbretter" ergänzen. Wir sind überzeugt: Exegetische Details und Aspekte der einzelnen Methodenschritte können nicht nur Filter und Weichenstellungen innerhalb der Predigtvorbereitung liefern, sondern selbst Anregungen und wesentliche Pfeiler zur Predigtgestaltung liefern. Das gilt für alle Methodenschritte – selbst für Text- und Literarkritik. Die exegetischen Sprungbretter wollen intensive Arbeit an der Predigtsprache nicht ersetzen, aber können mit ihr Hand in Hand gehen. Exegetische Predigtarbeit bleibt zwingend angewiesen auf eine christliche Wahrnehmung der Gegenwart und ein Offenhalten begründeter Hoffnung, doch kann sie vielleicht hin und wieder Wahrnehmungs- und Beschreibungshilfen anbieten. Insofern ist dieses Buch auch ein Gesprächsangebot. Für mehr Begegnung zwischen Wissenschaft und Praxis, für mehr Bewegung auch innerhalb der theologischen Fächer, für vielschichtige Zugänge und Begegnungen mit den biblischen Texten.

Aufbau und Verwendung

Das Buch orientiert sich an Grundfragen, die hinter den klassischen Methodenschritten wissenschaftlicher Textauslegung stehen. Es ist aber eben kein Methodenbuch, das alle Feinheiten der einzelnen Schritte darstellt und sie darüber hinaus umfassend in die wissenschaftliche Diskussion einbettet. Das betrifft auch die verschiedenen Zuordnungen und Varianten der Methodenschritte, wie sie sich jeweils in der alttestamentlichen und neutestamentlichen Forschung herausgebildet haben. Diese Unterschiede haben wesentlich mit dem sehr unterschiedlichen Textmaterial zu tun, das wir jeweils im Alten und im Neuen Testament finden. Während die größten Teile des Alten Testaments auf den Schultern von Generationen ruhen, von diesen weitergetragen und weiterformuliert wurden, bekommen wir im Neuen Testament fast ausschließlich Autorenliteratur zu greifen, also Schriften, die von einer Person konzipiert und niedergeschrieben wurden, bei denen – wie im Falle der neutestamentlichen Briefe – häufig sogar die Adressatenkreise bekannt sind. Wo nötig, wird auf diese Unterschiede hingewiesen, um Unklarheiten zu vermeiden. Ansonsten versucht das Buch die jeweiligen Methodenschritte für beide Testamente fruchtbar zu machen.

Das vorliegende Buch soll vor allem ein Praxisbuch sein, das konkrete Anregungen für die Arbeit an der eigenen Predigt bietet. Die Zugangsarten hierzu sind vielfältig und können erfolgen über

- *den Methodenschritt*: Der Aufbau des Buches ermöglicht es, sich konkret einen bestimmten Methodenschritt vorzunehmen. Vielleicht gibt es einen Methodenschritt, mit dem Sie immer schon einmal arbeiten wollten oder unter dem Sie sich in Bezug auf die Predigt bisher nicht viel vorstellen konnten? Hier ist die Chance, es einmal auszuprobieren. Lassen Sie sich einfach vom Inhaltsverzeichnis inspirieren.

- *die Bibelstelle*: Alle Beispiele und Übungen arbeiten mit Texten aus der Perikopenordnung, um einen möglichst großen Übertrag auf die reale Predigtpraxis zu ermöglichen – mit etwas Glück ist auch die Stelle dabei, zu der Sie einen Impuls suchen. Wenn Sie also bereits eine bestimmte Perikope im Blick haben und zu dieser arbeiten wollen, lohnt sich ein Blick in das Bibelstellenregister (S. 165–167).
- *das Material*: Wir verweisen in den einzelnen Kapiteln auf unterschiedliche Hilfs- oder Arbeitsmaterialen. Diese Hinweise sind keinesfalls exklusiv zu verstehen und übertragbar. Sie sollen dazu anregen, dass Sie Material, was vielleicht seit Jahren Ihr Regal ziert, mal wieder in die Hand nehmen und es in Ihre nächste Predigtvorbereitung einbeziehen. Haben Sie beispielsweise eine alte Konkordanz zu Hause stehen, die Sie gerne mal für eine Predigtvorbereitung nutzen würden, aber nicht wissen wie? In unserem Literaturverzeichnis (S. 155–163) finden Sie zu einzelnen Materialen Hinweise, wo im Buch diese verwendet werden.

Das Buch ist so konzipiert, dass es möglich ist, in die einzelnen Abschnitte in nicht-chronologischer Abfolge hineinzulesen – je nachdem, was Sie gerade interessiert und wo Ihr Auge hängen bleibt. Gelegentlich erfolgen ähnliche Hinweise deswegen an mehreren Stellen. Nutzen Sie es eklektisch oder als Kompendium. Die einzelnen Kapitel haben dabei folgenden Aufbau:

Worum geht's? schafft einen ersten Zugang, in dem die exegetische Methode kurz und in Hinblick auf deren Ertrag für die Predigt dargestellt wird. Dabei ist die Frage leitend, wo diese überall in der Predigt Anknüpfung finden kann, was daran für die Predigtvorbereitung und sie selbst interessant und weiterführend ist.

Wie wird's gemacht? nimmt den Ertrag des vorhergehenden Kapitels auf und fragt danach, wie man dorthin gelangen kann. Konkrete Umsetzungsbeispiele, Anregungen und Ratschläge ergänzen die hier zusammengestellten Methoden und Materialien, derer sich Predigende bedienen können und die dazu anregen, an Ergebnisse und Informationen heranzukommen.

Was wird daraus? zeigt anhand einzelner Aspekte der Methode und immer verbunden mit mindestens einem konkreten Beispiel, wie diese im Rahmen einer Predigt umgesetzt werden können. Wir hoffen und wünschen uns, dass die Beispiele und Impulse einen kreativen Raum eröffnen, der dazu anregt, ähnlich auch mit und an anderen Texten zu arbeiten.

Skizzen aus der Praxis macht an mindestens zwei Ausschnitten aus konkreten Predigten beispielhaft deutlich, wie die Umsetzung der Entdeckungen gepredigt aussehen kann.

Alle Abschnitte sind durchzogen von praktischen Übungen und Impulsen, kleinen Anregungen und Aufgaben sowie zahlreichen Beispielen. Was das Buch *nicht* bietet – und angesichts der Fülle bereits vorhandener, sehr guter Schreibratgeber auch nicht bieten muss – ist eine umfassende Anleitung, nach welchen Kunstregeln ansprechende Texte und Predigten verfasst werden können.[6] Zugleich sind die Schreibimpulse im Wissen um ebendiese Kunstregeln und -fertigkeiten sowie im Einklang, Anschluss und Wechselspiel mit aktuellen Methoden der Predigtfortbildung gestaltet.

Der Buchaufbau, der von der theoretischen Betrachtung ausgehend immer konkreter und exemplarischer wird, hat den großen Charme, dass wiederum Menschen mit unterschiedlichen Fragestellungen und Vorlieben das Buch in die Hand nehmen können. Gleichzeitig ermöglicht der Aufbau ein Lesen von hinten nach vorne – sowohl im Kapitel als auch im Buch –, denn auch hier gibt es unterschiedliche Geschmäcker. Manche mag es mehr, sich von einer Methode inspirieren zu lassen, ein anderer erschließt sich das ganze lieber von einer konkreten Predigt her, als – wie bereits im Studium – mit der Theorie zu beginnen. Hier ist beides möglich und gewünscht. Wer sich gern tiefer mit der wechselvollen Beziehungsgeschichte von Exegese und Predigtlehre beschäftigen will, sei an das entsprechende Schlusskapitel, wer auf Schatzsuche in anderen

---

6 Spezifisch für die Predigtsprache empfehlen wir: Holger Pyka, *Spiel mit dem Wort! Kreatives Schreiben für Predigt und Preacher Slam*, Göttingen 2019; Thomas Hirsch-Hüffel, *Die Zukunft des evangelischen Gottesdienstes beginnt jetzt. Ein Handbuch für die Praxis*, Göttingen 2021.

Büchern oder im Netz gehen will, an die Literaturempfehlungen verwiesen.

Abkürzungen und Hinweise

- 🔍 Forschungsaufgabe und Inspiration
- 👥 Gesprächsanregung / Übung, die Sie mit anderen Menschen machen können und die zum Dialog anregen soll
- 🎧 Hörimpuls
- ✏️ Kreativer Schreibimpuls
- ✨ Definitionen und Merksätze
- 📖 Literaturempfehlung
- 💻 Hinweis auf digitale Tools und Hilfsmittel
- 💗 Übung, die Herz und Seele einbezieht und anregt
- 👓 Geleitetes Lesen
- 💡 Hintergrundinformation / Wissenswertes
- ⚠️ Achtung
- ELB Elberfelder Übersetzung
- EÜ Einheitsübersetzung
- LU Lutherübersetzung
- ZÜ Züricher Übersetzung

Alle weiteren verwendeten Abkürzungen folgen Siegfried M. Schwertner, IATG^3 – Internationales Abkürzungsverzeichnis für Theologie und Grenzgebiete, Berlin/New York ^{3}2014. Die Abkürzung der Biblischen Bücher orientieren sich am Ökumenischen Verzeichnis der biblischen Eigennamen nach den Loccumer Richtlinien, Stuttgart ^{2}1981, abgedruckt in IATG^3, XXIX.

Das Material vorbereiten – Übersetzung

Um ein guter Maler zu sein, braucht es vier Dinge:
weiches Herz, feines Auge, leichte Hand und immer frisch gewaschene Pinsel.
Anselm Feuerbach

Worum geht's?

Am Anfang der Entstehung eines Kunstwerks steht immer eine Wahl. Es ist die sorgfältige Auswahl der Materialien und ihre Vorbereitung, die dem ersten Handgriff, den ersten Strichen, dem ersten Meißelschlag vorausgehen. Wer doch mit ungewaschenen Pinseln malt, tut dies vermutlich gezielt, um einen bestimmten Effekt zu erreichen. Wer zu Filzstiften greift, hat trotzdem ausgewählt.

So ähnlich ist es auch, wenn wir mit einem biblischen Text arbeiten: Am Anfang aller Bibellektüre steht das Übersetzen. Ja, richtig gelesen: aller. Auch wenn ich einen deutschen Bibeltext, zum Beispiel den der Luther-Übersetzung, lese. Denn immer füllen wir schriftlich fixierte Buchstabenfolgen mit Sinn und konstruieren so eine Aussage des Textes. Wir *setzen über* und entwickeln so unser Verständnis von dem, was da steht. Das ist die Grundbewegung jeder Übersetzung im weiteren Sinn.

Spezifischer ist dann natürlich das engere Verständnis von Übersetzung, wie sie vor allem am Anfang des Theologiestudiums eingeübt und wie sie im wissenschaftlichen Betrieb vorausgesetzt wird:

⚲ Übersetzung meint die Übertragung eines anderssprachlichen (hier eines meist hebräischen oder griechischen) Textes in eine Zielsprache.

Sie klärt neben den Wortbedeutungen möglichst genau die grammatikalischen Zusammenhänge und bezieht dabei den zeitlichen Abstand zwischen der Entstehung der Texte und heute ein. Denn vor dem Hintergrund unseres Erfahrungswissens und unserer Kultur füllen wir vieles ganz anders. Wer schonmal einen längeren Text mit Wörterbuch und Grammatik übersetzen musste, weiß, dass es hier viel Spielraum gibt. Also sammeln wir so viele Informationen wie möglich, um dem historischen Sinn des Textes so nah wie möglich zu kommen. Wir entscheiden mit jeder Übersetzung, was unserer Meinung nach seiner intendierten Aussage am nächsten kommt. Das heißt, beim Übersetzen geht es die ganze Zeit um **Entscheidungen**. So, wie die Anlage eines Kunstwerkes eine Vielzahl von Entscheidungen erzwingt, tut es auch die Übersetzung. Welche Form, welches Medium, welches Wort ist dem Thema angemessen? Welche Grenzen sind mir von den vorgegebenen Strukturen gesteckt? Alles, was wir übersetzen, hätte auch anders übertragen werden können.

Eine solche **Arbeitsübersetzung**, die um eine möglichst genaue Wiedergabe der sprachlichen Eigenarten des Ausgangstextes bemüht ist, unterscheidet sich von einer **literarischen Übersetzung**, die viel stärker auf gute Lesbarkeit und Verständlichkeit abzielt. Es gilt also auch hier immer wieder, eine Entscheidung zu treffen: Wie wörtlich ist es möglich und wie verständlich ist es nötig? Ein Überblick in die gängigen deutschen Übersetzungen zeigt, wie unterschiedlich das beantwortet werden kann:

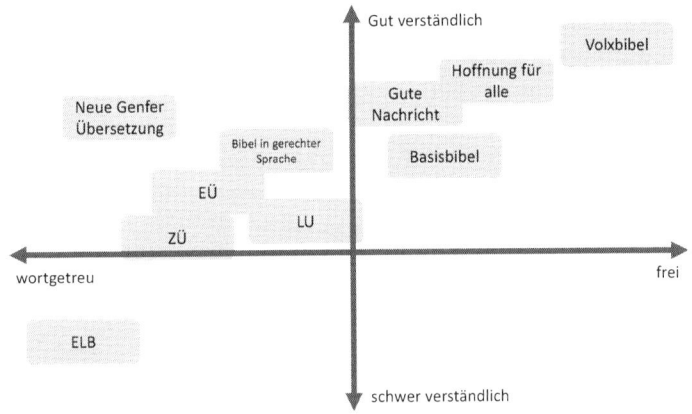

Festzuhalten bleibt dabei, dass keine Übersetzung alle Aspekte – also Wortlaut, Stil, mitklingende zusätzliche Wortbedeutungen usw. – von der Ausgangs- in die Zielsprache übertragen kann. Darum ist es hilfreich, von der erstellten oder verwendeten Übersetzung immer wieder einen Schritt zurück zu treten. So kann durch Distanz ein neuer Blick auf den Text und damit Nähe zu diesem gewonnen werden.

> Gerade bei schon oft gehörten oder gepredigten Texten tut eine solche Distanz gut, manchmal aber auch bei jenen, wo sich ein bestimmter Predigtgedanke „festgeklemmt" hat. Hier bietet eine elementare Vorstufe der Übersetzung großes Potenzial, „einen Schritt zurücktreten" zu können: **das laute Lesen.** Es ist so simpel wie gewichtig: Wir lassen uns einholen von der Sprachwelt des Textes, vom (wenn auch rekonstruierten) Klang der Worte, wir werden daran erinnert, dass diese Worte einmal woanders und wann anders laut vorgelesen wurden. Wir werden erinnert, dass wir woanders starten.
>
> ✎ Lesen Sie sich den Predigttext für den kommenden Sonntag doch einfach mal laut vor – auf Deutsch, Hebräisch, Griechisch oder welcher Sprache auch immer Sie wollen. Oder lassen Sie ihn sich vorlesen:
>
> 🖥 Auf Plattformen wie Youtube sind zentrale Bibeltexte in allen erdenklichen Sprachen abzurufen.
>
> Impulse zu diesem vielschichtigen Thema sind zu finden bei:
>
> 📖 Dietrich Sagert, Lautlesen. Eine unterschätzte Praxis, Leipzig 2020.

Dass der Schritt der Übersetzung theologisch gewinnbringend und essenziell ist, hat sich in einer berühmten Erzählung verankert, deren biblische Grundlage auch Perikopentext ist: Martin Luthers **Übersetzungsentdeckung**, dass die Gerechtigkeit Gottes (δικαιοσύνη (τοῦ) θεοῦ πίστει), nicht nur meint, dass man sich Gerechtigkeit vor Gott erarbeiten muss, sondern, dass man sie von Gott übereignet bekommt (Röm 3,21–28 (Reformationstag/II)). Hier hat jemand Freiräume gefunden, weil er genau hingeschaut hat und sich so von vorherrschenden Auslegungen distanzieren konnte. **Distanz, um neue Nähe gewinnen zu können.**

Wie wird's gemacht?

Übersetzungen kosten Zeit, Geduld und Nerven. Trotzdem stellen sich Predigende immer wieder dieser Aufgabe.

Gleichzeitig ist eine umfassende Übersetzung aus der jeweiligen Ursprache im Pfarralltag oder auch im Ehrenamt als Prädikant:in oft nicht oder schlecht realisierbar. Und so wie nicht mehr jede:r Künstler:in ihre Ölfarben aus Farbpigmenten und Öl zusammenmischt oder den Ton selbst sticht, sondern arbeitserleichternd auf **Zuarbeit** zurückgreift, so muss auch mit Blick auf die Übersetzung im Rahmen der Predigtvorbereitung das Rad nicht neu erfunden werden. (Dabei ist unbestritten, dass das Stechen des eigenen Tons bzw. die grundständige Erstellung einer eigenen Übersetzung für Einzelne ein essenzieller Teil auf dem Weg zum Kunstwerk oder zur Predigt ist. Auch, dass dieser längere Anlauf Einfluss auf das letztendliche Ergebnis und dessen Wahrnehmung hat, ist zu vermuten. Schwierig wird es jedoch da, wo diese unterschiedlichen Wege als Kriterium dafür genommen werden, ob etwas „mehr" Kunst ist als anderes oder aber eine bessere Predigt.) Denn unserer Meinung nach können schon 10 Minuten auf dem Weg zur Übersetzung für die Predigt äußerst fruchtbar sein. Auch abseits der klassischen Übersetzung, gibt es zahlreiche Hilfsmittel, um sich einen frischen Zugang zum Text zu verschaffen. Und so könnte das dann aussehen:

Schon bei der Annäherung an den Text, worum es geht und was er (zunächst bei mir) auslöst, nutzen wir eine (deutsche) Übersetzung. Bereits bei diesem ersten Lesen fallen eventuell Worte oder Satzteile auf, bei denen ich gern mehr wissen möchte oder die mir von ihren Bezugspunkten her nicht ganz klar sind.

Im nächsten Schritt können die **computergestützten Programme** Bibleworks/Accordance/Logos einen Überblick über den griechischen/hebräischen Text geben. Hierbei ist besonders attraktiv, dass das Wörterbuch (auf Englisch) über den Cursor direkt mit dabei ist.

> 💻 *Logos* (www.logos.com): Die Basis-Version ist nach Registrierung als kostenlose App nutzbar! (Eine Interlinearübersetzung ist hier nur auf Englisch möglich.)
>
> *Accordance* (www.accordancebible.com)
>
> *BibleWorks*: Viele kennen dieses Programm aus dem Studium. Leider hat BibleWorks 2018 den Betrieb eingestellt. Die alten Versionen funktionieren aber noch einwandfrei.
>
> Die Anschaffung der entsprechenden (Vollversionen der) Programme ist sehr kostenintensiv. Sinnvoll wäre es, wenn Landeskirchen die Lizenzen für ihre Mitarbeitenden zur Verfügung stellen. Vielleicht regen Sie das bei der zuständigen Stelle an?

Alternativ bietet eine **Interlinearübersetzung** einen guten, schnellen Überblick über den Text und seine Struktur.

> Deutsche Interlinearübersetzungen gibt es jedoch nur in Buchform:
>
> 📖 Interlinearübersetzung griechisch-deutsch, Novum Testamentum Graece 28, Witten 2012.
>
> Interlinearübersetzung Hebräisch-Deutsch, Biblia Hebraica Stuttgartensia, Witten 1986.
>
> **Digitale Interlinearübersetzungen** gibt bisher leider nur in englischer Sprache:
>
> 💻 *Bible Hub* (www.biblehub.com/interlinear) oder
>
> *Scripture for all* (www.scripture4all.org)

Als weitere Möglichkeit bietet auch der gute alte **Übersetzungsvergleich** Potential zentrale Bedeutungsvarianten wahrzunehmen. Dazu taugen verschiedene Bibelübersetzungen, die man zu Hause im Regal stehen hat, oder die entsprechenden Internetseiten.

> Digitale Angebote, mit denen man sich verschiedene Übersetzungen einer Textstelle nebeneinander anzeigen lassen kann, ermöglichen **Übersetzungsvergleiche**. Z.B.:
>
> 💻 *ERF Bibleserver* (www.bibleserver.com)

Als Variante können Sie auch **fremdsprachige Übersetzungen** einbeziehen. Oft bringen andere Sprachen andere Nuancen eines hebräischen oder griechischen Wortes zum Tragen, für die wir im Deutschen kein eigenes Wort haben.

> 📖 💻 Vergleichen Sie doch mal Ihren Predigttext mit einer Übersetzung einer anderen Sprache, die Sie gut beherrschen. Sie werden erstaunt sein, wie unterschiedlich diese sind.

Alle Wege lassen schnell erkennen, wo die zuvor gelesene Übersetzung vom Urtext abweicht bzw. wo im Urtext eigentlich mehrere Bedeutungsnuancen angelegt sind. Nicht alle Varianten fallen hier gleichermaßen ins Gewicht. Für einen Predigtimpuls reicht es oft schon, an einer inhaltlichen Verschiebung innerhalb der Übersetzungen hängen zu bleiben. Für viele Prediger:innen ist es ein bewährtes Vorgehen, anschließend **punktuell in den ursprachlichen Text** einzusteigen, wo sie bei ihrer ersten Recherche über Unterschiede und auffällige Formulierungen gestolpert sind. Diese Spuren lassen sich mit den entsprechenden Hilfsmitteln (Wörterbuch etc.) weiterverfolgen.

Was wird daraus?

Die Übersetzung im Gottesdienst

Eine der zentralen Fragen ergibt sich noch vor der eigenen Predigt: Welche Übersetzung des der Predigt zugrunde liegenden Textes soll zum Klingen gebracht werden – insofern er überhaupt am Stück der Predigt vorangestellt oder in sie integriert wird?

Grundsätzlich fällt es unter Ihre Freiheit und Verantwortung, eine Übersetzung zu verwenden, hinter der Sie mit Ihrem Verkündigungsauftrag stehen. Für Gemeinden, in denen das schon immer die Lutherübersetzung war, kann das zu Diskussionen oder Widerstand führen und vielleicht müssen Sie nicht jede Woche mit einer eigenen/anderen Übersetzung auftreten. Ab und zu Modifikationen oder andere Texte zu verwenden, kann aber besonders bei bekannten und traditionellen Texten für alle Beteiligten eine Wohltat sein. Hier gilt: Nur Mut!

Besonders eklatant empfinden wir bspw. den Unterschied zwischen den beiden Standardübersetzungen (LU und ZÜ) mit Blick auf Überschrift und Duktus von Ps 85 (Drittletzter S.d.KJ/III):

Luther-Übersetzung	**Zürcher Übersetzung**
Bitte um neuen Segen	Du hast dein Land begnadigt
1 Ein Psalm der Korachiter, vorzusingen.	1 Für den Chormeister. Von den Korachitern. Ein Psalm.
2 HERR, der du bist vormals gnädig gewesen deinem Lande und hast erlöst die Gefangenen Jakobs;	2 Du hast dein Land begnadigt, HERR, hast Jakobs Geschick gewendet.
3 der du die Missetat vormals vergeben hast deinem Volk und all ihre Sünde bedeckt hast; – Sela –	3 Du hast die Schuld deines Volkes vergeben, getilgt all ihre Sünde. Sela
4 der du vormals hast all deinen Zorn fahren lassen und dich abgewandt von der Glut deines Zorns:	4 Du hast zurückgezogen all deinen Grimm, abgewendet die Glut deines Zorns.
5 Hilf uns, Gott, unser Heiland, und lass ab von deiner Ungnade über uns!	5 Wende dich zurück zu uns, Gott unseres Heils, und lass ab von deinem Unmut gegen uns.
6 Willst du denn ewiglich über uns zürnen und deinen Zorn walten lassen für und für?	6 Willst du uns ewig zürnen, deinen Zorn hinziehen von Generation zu Generation?
7 Willst du uns denn nicht wieder erquicken, dass dein Volk sich über dich freuen kann?	7 Bist du nicht der, der uns das Leben wiedergeben kann, dass dein Volk sich deiner freut?
8 HERR, zeige uns deine Gnade und gib uns dein Heil!	8 Lass uns, HERR, deine Güte schauen, und schenke uns deine Hilfe.
9 Könnte ich doch hören, was Gott der HERR redet, dass er Frieden zusagte seinem Volk und seinen Heiligen, auf dass sie nicht in Torheit geraten.	9 Ich will hören, was Gott spricht; der HERR, er verkündet Frieden seinem Volk und seinen Getreuen, damit sie nicht wieder der Torheit verfallen.

10 Doch ist ja seine Hilfe nahe denen, die ihn fürchten, dass in unserm Lande Ehre wohne;	10 Nahe ist denen seine Hilfe, die ihn fürchten, dass Herrlichkeit wohne in unserem Land.
11 dass Güte und Treue einander begegnen, Gerechtigkeit und Friede sich küssen;	11 Gnade und Treue finden zusammen, es küssen sich Gerechtigkeit und Friede.
12 dass Treue auf der Erde wachse und Gerechtigkeit vom Himmel schaue;	12 Treue sprosst aus der Erde, und Gerechtigkeit schaut vom Himmel hernieder.
13 dass uns auch der HERR Gutes tue und unser Land seine Frucht gebe;	13 Der HERR gibt das Gute und unser Land seinen Ertrag.
14 dass Gerechtigkeit vor ihm her gehe und seinen Schritten folge.	14 Gerechtigkeit geht vor ihm her und bestimmt den Weg seiner Schritte.

💡 Die Verschiebung der Dynamik wird vor allem durch die Verwendung von „vormals", die eine mögliche Nuance der hebr. Konstruktion unterstreicht, in V. 2–4 ausgelöst.

🔍 Stellen Sie für jede Übersetzung die Nähe oder Distanz Gottes zu seinem Volk graphisch dar. Lassen Sie sich beide Übersetzungen anschließend vorlesen und entscheiden Sie, welche beim Hören der Grunddynamik des Psalms Ihrer Meinung nach am nächsten kommt.

✏️ Formulieren Sie für jede Version ein Präfamen (einleitendes und hinführendes Wort zur Bibellesung). Unterscheiden sie sich?

Das Bedürfnis nach Transparenz, welche Übersetzung verwendet wird, ist je nach Gemeinde unterschiedlich groß. Sinnvoll ist der Hinweis auf abweichende Übersetzungen jedoch mindestens insofern, als sie für den Spielraum des Bibeltextes sensibilisieren und Vergleichbarkeit ermöglichen.

Bisweilen kann der Hinweis auf die Übersetzung als „technische Störinformation" innerhalb des Gottesdienstes empfunden werden. Hier besteht die Möglichkeit, diese Information durch ein Abdrucken des entsprechenden Textes für alle Gottesdienstbesuchenden oder eine nachträgliche Nennung oder Bezugnahme im Rahmen der Predigt einzuholen.

Alternativ kann es reizvoll sein, Beobachtungen am Text im Rahmen der Predigt mit einer zuvor gelesenen Standardübersetzung zu kontrastieren. Nein, hier geht es nicht um Besserwisserei, sondern um eine Einladung an die Gemeinde, mit Ihnen auf Spurensuche zu gehen. Nehmen

Sie Ihre Gemeinde mit auf Ihre Entdeckungsreise und machen Sie Ihre Entdeckerfreude, Ihre eigene Verwunderung, Ihr zaghaftes Tasten oder auch die Begeisterung über einen Fund zugänglich (vgl. Predigtbeispiel zu Lk 2,(22–24)25–38(39–40), S. 32f).

Die Übersetzungen miteinander ins Gespräch bringen

Unterschiedliche deutsche Übersetzungen sind Zeugnis verschiedener Theologie, Frömmigkeit und Zeitgeschichte. Doch auch sie können miteinander ins Gespräch kommen.

> Suchen Sie sich eine Perikope, in der viel (von unterschiedlichen Personen) geredet wird, z.B. Joh 1,35–51 (5. S.n.Tr./V); Joh 8,3–11 (4. S.n.Tr./IV); Jos 2,1–21 (17. S.n.Tr./I):
>
> 🔎 Vergleichen Sie mindestens drei deutsche Übersetzungen – am besten möglichst unterschiedliche, wie die Elberfelder Bibel, die Gute Nachricht und die Volxbibel.
>
> ✏️ Schreiben Sie ein Gespräch aus allen drei Bibeln zusammen. Beginnen Sie dafür mit Johannes (/den Pharisäern/Josua) aus der Elberfelder Bibel und alternieren Sie in der weiteren Rede unterschiedliche Übersetzungen. Lässt sich daraus etwas für Ihre nächste Predigt machen?

Doch lassen sich nicht nur deutsche Übersetzungen miteinander ins Gespräch bringen. Vielleicht finden Sie beim Vergleich der deutschen Übersetzung mit einer anderen fremdsprachigen Übersetzung noch weitere bemerkenswerte Unterschiede.

Mehrdeutigkeiten nachgehen

Jede Übersetzung ist eine Festlegung, die Untertöne, Mehrdeutigkeiten und Anspielungen nicht vollständig abbilden kann. Im Rahmen der Predigt können Sie diesen Untertönen aber sehr wohl mehr Raum geben, Mehrdeutigkeiten übersetzen, die Vielfalt der Worte nutzen und Anspielungen einspielen.

Mk 1,21–28 (Christnacht/III):

💡 Mehrmals wird in diesem Predigttext davon berichtet, dass die Hörer:innenschaft Jesu sich „entsetzte" (LU) über das, was Jesus sagte und tat. Das griechische Wort dafür (ἐκπλήσσειν) kann sowohl „außer sich geraten" oder „erstaunt sein" als auch „betäubt sein vor Schrecken" oder „bestürzt sein" bedeuten.

✏ Wählen Sie zwei Varianten und versuchen Sie die entsprechenden Szenarien erzählerisch umzusetzen und entwickeln Sie daraus zwei Predigtsequenzen, die sich inhaltlich in unterschiedliche Richtungen entwickeln.

🔍 Bauen Sie die verschiedenen Wortbedeutungen klimaktisch auf oder alternieren Sie diese im Text. Was verändert sich dabei und was löst bei Ihnen den größten Widerstand aus?

Anspielungen einspielen

Bestimmte Anklänge an andere Texte oder verdeckte Hinweise auf Wertungen werden vor allem durch einen Blick in den ursprünglichen Text deutlich. Auf diese subtilen Anspielungen kann man in der Predigt explizit hinweisen, man kann sie aber auch aufgreifen, indem man auf anderen Ebenen ebenso subtile, aber sprachlich ansprechende Verbindungen schafft.

Gal 3,26–29 (17. S.n.Tr./VI):

💡 Gal 3,26–29 ist ein zentraler Tauftext. Im griechischen Text steht anders als in der LU nicht „Mann und Frau" (V. 28), sondern „männlich und weiblich" (ἄρσεν καὶ θῆλυ). Damit wird auf Gen 1,27 angespielt, wo im Hebräischen auch von „männlich und weiblich" die Rede es ist. Paulus ruft in Gal die große Verbindung von Taufe und Schöpfung auf.

✏ Schreiben Sie nach dem Muster des Schöpfungsberichtes in Gen 1,1–2,4 über die Relativierung lebenshinderlicher Unterscheidungen durch die Taufe. (Und Gott sprach/machte … – Und es wurde … – Und siehe: … war gut.)

Die Vielfalt der Worte nutzen

Begriffe meinen in unterschiedlichen Sprachen nie genau dasselbe, sondern immer nur etwas Ähnliches. So gibt es auch im Hebräischen oder Griechischen zahlreiche Begriffe, die in ihrer deutschen Übersetzung immer nur in einem Ausschnitt dargestellt werden können. Diese Vielfalt einmal offen zu legen, kann Predigenden und Hörenden ganz neue Perspektiven eröffnen. Umgesetzt werden kann diese Entfaltung unterschiedlich.

> Jes 40,1–11 (3. Advent/V):
>
> ♀ In Jes 40,1–11 wird in V. 6 das schillernde Wort רוּחַ (ruach, hebr. Atem, Wind, Geist) verwendet.
>
> ✎ Nutzen Sie die unterschiedlichen Bedeutungen zur Predigtstrukturierung.

> Sach 9,9–10 (1. Advent/III):
>
> ♀ Das hebräische Wort וְנוֹשָׁע in V. 9 kann diametral verschieden übersetzt werden. Entweder lautet die Übersetzung des Teilverses „demütig und einer, dem geholfen wird" oder „demütig und siegreich".
>
> ✎ Entwickeln Sie zu jeder Variante eine narrative Sequenz, wie der verheißene König in Jerusalem einzieht. Wollen Sie eine davon oder beide für die Predigt verwenden?

Skizzen aus der Praxis: Verarbeitung von Übersetzungsentdeckungen

Eine Predigt zu Lk 19,1–10 (14. S.n.Tr./II):[7] Die Predigt nimmt die in der Lutherübersetzung nicht ohne Weiteres ersichtliche Doppelbewegung vom Suchen des Zachäus (V. 3 „begehrte" in LU) und dem Suchen Jesu (V. 10) auf und macht die Zusammengehörigkeit von Suchen und Finden(-lassen) zu ihrem Hauptthema. Sie spielt dabei im Deutschen mit den verschiedenen Vorsilben zu „suchen":

> [...] Der Plan von Zachäus jedenfalls geht auf. Vielleicht sogar ein bisschen zu gut. Sein Suchen, sein Versuch Jesus zu sehen, führt dazu, dass Jesus ihn findet. [...] Maulbeerbäume sind vergleichsweise dicht und ich zweifle daran, dass Zachäus gesehen werden wollte. Doch so passiert es: „Zachäus, steig eilend herunter; denn ich muss heute in deinem Haus einkehren", ruft Jesus ihm zu. Ob er so viel Nähe gesucht hat? Wenn aus „nur-mal-gucken" gleich ein Hausbesuch wird? Doch schon wieder überrascht mich dieser Zachäus: Er steigt eilig herunter und nimmt Jesus auf mit Freuden – so steht es da. Er findet es gut, gefunden werden. Vielleicht hat er ein Gespür dafür: Das wird ein gutes Gefunden-werden. Kein Aufgespürt-werden von denen, die mich wegen meiner vermeintlichen Betrügereien ans Messer liefern wollen. Aber auch keiner der mich sucht, der mich besucht, weil ich ein großes Haus und viel Geld habe und was davon abhaben will. Keiner, der an meiner Tür klingelt, um mir was anzudrehen, was ich gar nicht haben will. Nein, da sucht einer, der es gut mit mir meint. Da besucht mich einer, allen Vorurteilen und allem Gerede zum Trotz. Da kommt jemand dahin, wo ich sitze, sieht mich, findet mich, freut sich, dass er mich gefunden hat.

*Eine Predigt zu Lk 2,(22–24)25–38(39–40) (1. S.n.d.Christfest/III)/Lk 2,22–35(36–40) (Darstellung Jesu im Tempel/IV):[8] Die Predigt verarbeitet die Entdeckung, dass V. 22 („Und als die Tage **ihrer** Reinigung nach dem Gesetz des Mose um waren*

---

[7] Predigt von Ann-Kathrin Knittel, gehalten am 13.09.2020 im Pfarrgarten der Christuskirche Hemsbach.

[8] Predigt von Christine Wenona Hoffmann, gehalten am 27.12.2020 in Mannheim-Sandhofen.

[...]") sich nicht nur auf Maria, sondern auf Maria **und** Joseph bezieht, sich also beide der rituellen Reinigung unterziehen mussten. Die Konsequenzen für die Bedeutung und Funktion von Josef am Heilsgeschehen werden plastisch ausgemalt und kontrastieren das landläufige Bild des am Rande stehenden Josefs, das zu Beginn der Predigt aufgerufen wurde.

> [...] Ich lese genauer. Anscheinend mussten da mehrere Menschen zur Reinigung. Da nicht davon auszugehen ist, dass die Hirten oder Ochs und Esel gemeint sind, bleibt da nur noch einer übrig: Josef. Ein Mann hat sich einer Reinigung nach der Geburt aber nur zu unterziehen, sofern er bei dieser Geburt anwesend war – assistierte, die Hebammenfunktion übernahm. Können wir also davon ausgehen, dass Josef nicht nur die finanzielle und emotionale Unterstützung von Maria und ihrem Kind darstellte, sondern bei der Geburt Jesu selbst die Geburtshelferrolle einnahm? Vor meinem geistigen Auge entsteht folgendes Bild: Josef, mit blutverschmierten Händen, durchtrennt die Nabelschnur, die den kleinen Jesus mit Maria verbindet, und holt das Jesuskind auf diese, auf unsere Welt. Er ist der erste, der den kleinen Jesus hält, trägt und erst dann seiner Mutter in die Arme legt. Für mich ist das nichts Ungewöhnliches – auch mein Vater hat meine Geschwister und mich vor meiner Mutter im Arm gehabt. Die Älteren unter uns wissen jedoch, dass es noch vor 50 Jahren überhaupt nicht üblich war, als Vater der Geburt des eigenen Kindes auch nur beizuwohnen – wie ungewöhnlich mag es also erst vor über 2000 Jahren gewesen sein? [...]

Die kreative Kraft der (Re-)Produktion – Textkritik

Es gehört zur Originalität unserer Zeit, daß die Kopien immer besser werden.
Gregor Brand

Worum geht's?

Kopien haben einen schlechten Ruf – ist in Literatur oder Kunst etwas „nur kopiert", hat es wenig Eigenwert. Doch dem muss nicht so sein. Unter dem Titel „Produktive Bildstörung" war in der Düsseldorfer Kunsthalle vor kurzer Zeit eine Ausstellung mit Werken von Sigmar Polke zu sehen. Polke (1941–2010) richtete schon zu Studienzeiten sein Interesse auf massenmedial verbreitete Bilder. „Das Übertragen und Stören, das Transformieren und Umcodieren dieser Bilder, inklusive der dabei entstehenden oder enttarnten Bild-Fehler, wurde in seinen Rasterbildern zum Motiv und frühen Markenzeichen."[9] Der Künstler nutzt unter anderem Übertragungsfehler und Qualitätsverluste gezielt bei der Erschaffung (oder Produktion) seiner Werke. Er richtete seinen Fokus auf die Reproduktion bereits vorhandenen Bildmaterials, griff darin aber durch Vergrößerung, Mehrfachbelichtung oder Farbexperimente manipulativ

---

9   www.kunsthalle-duesseldorf.de./ausstellungen/produktive-bildstoerungsigmar-polke-und-aktuelle-kuenstlerische-positionen/ (02.05.2022).

Abb. 3: Sigmar Polke, Der Teufel von Berlin, 1997, Fotokopie-Unikate

ein. Er weist damit auf etwas Wichtiges hin: Reproduktion ist kein inhaltsleeres Geschäft. Denn in Reproduktion, steckt eben auch Produktion – etwas wird geschaffen (lat. *producere*, „hervorbringen"). Doch innerhalb der heute technisch perfektionierten Produktionsmechanismen wie dem Digitaldruck ist der Fehler oder vielleicht lieber die Variation nur noch die Ausnahme. Diese Art der Präzision stand über lange Teile der Reproduktionsgeschichte der biblischen Texte natürlich nicht zur Verfügung. Ja noch mehr: Sie lebte grundlegend von der persönlichen Aneignung derer, die für ihre Überlieferung und Vervielfältigung zuständig waren. Für sie gilt: **Wer Texte (re-)produziert, schafft Texte**. Unter dieser weiten Perspektive wollen wir uns auch dem Methodenschritt der Textkritik annähern: als Arbeit an der „(re-)produktiven Textstörung".

✂ Die Textkritik hat die Aufgabe, die beim Abschreiben eines Textes entstandenen unabsichtlichen und absichtlichen Veränderungen zu erkennen. Dabei versucht sie ebenfalls nachzuvollziehen, aus welchen Gründen Texttraditionen abweichende Lesarten bezeugen.

Gerade mit Blick auf die Predigtvorbereitung scheint der Schritt der Textkritik auf den ersten Blick als nicht sonderlich fruchtbar. Nicht dass das Werden der einzelnen Handschriften, ihre Wege durch die Jahrhunderte und ihre wundersamen Fundgeschichten nicht das Potential für große Geschichten hätten. Doch die Lese- und Abschreibfehler, sowie minimale Abweichungen und grammatikalische Angleichungen im Textbestand unterschiedlichster antiker Handschriften nachzuverfolgen, ist ein aufwändiges und detailverliebtes Unterfangen. Aber natürlich gibt es sie – die großen Abweichungen. Die Varianten mit großem theologischem Gewicht: Der ursprüngliche Markusschluss (Mk 16,1–8 (Ostersonntag/IV)) und jener, welcher nur in bestimmten Handschriften vorkommt (Mk 16,9–20 (Quasimodogeniti/WT)). Die Geschichte von Jesus und der Ehebrecherin in Joh 8,3–11 (4. S.n.Tr./IV), die ebenfalls in zahlreichen alten Handschriften fehlt. Diese großflächigen Varianten fordern ihre theologische Aufarbeitung lautstark ein. Andere, dezente Varianten klopfen eher an und unterbreiten ihre Interpretation eines Textes. Hier gibt es noch den einen oder anderen Schatz zu heben.

Von der **Idee des *einen* Urtextes**, der nachfolgend unabsichtlichen und absichtlichen Variationen ausgesetzt war, haben sich die Bibelwissenschaften mittlerweile verabschiedet. Gerade im Alten Testament ist durch die Textfunde am Toten Meer deutlich geworden, dass lange Zeit mehrere Versionen eines Buches nebeneinander kursierten und manche Verse erst kurz vor der Zeitenwende zum hebräischen (protomasoretischen) Textbestand hinzugefügt wurden. In solchen Fällen ist **zwischen Text- und Literarkritik kaum noch zu unterscheiden**. Es ist damit gar nicht so leicht zu entscheiden, ab wann eine Änderung im Bibeltext noch produktives Textwachstum oder schon eine „nachträgliche Korrektur" ist. Damit wirft die Textkritik die Kanonfrage auf: Wann waren Hinzufügungen zu einem bestehenden Text noch zulässig, wann nicht mehr? Sie markiert theologische Auseinandersetzungen und „Minikommentare", die zum Teil am Übergang von der Textentstehung zur Textüberlieferung anzusiedeln sind. Wo absichtlich geändert wurde, stehen eigentlich immer theologische Fragen und Überzeugungen im Hintergrund. Wo versehentlich etwas geändert wurde und trotzdem lesbarer neuer Text entsteht, werden kreativ-theologische Potenziale freigesetzt.

Wie wird's gemacht?

Das Instrumentarium der Textkritik ist diffizil und bereitet Menschen, die sich gern im Knacken von Codes üben, eine gewisse Freude. Es ist voraussetzungsreich, da es umfassende Kenntnisse diverser alter Sprachen und über die vielfältigen Überlieferungszweige des biblischen Textes voraussetzt. Für die Predigtvorbereitung ist es nicht praktikabel (und für Predigende ohne Ursprachenkenntnisse auch gar nicht möglich), immer alle textkritischen Anmerkungen aufzuschlüsseln. Wir schlagen daher zwei Wege vor, wie textkritische Perspektiven im Zuge der Predigtvorbereitung zum Tragen kommen können:

Von der Information zur Frage: Wir setzen voraus, dass Predigtvorbereitungsmaterialien auf gravierende textkritische Varianten hinweisen. Ebenso werden wichtige Varianten hin und wieder auch in den Standardübersetzungen mit Fußnoten vermerkt. Besonders ertragreich ist der Übersetzungsvergleich mit der Einheitsübersetzung, da hier oft andere textkritische Entscheidungen getroffen werden. Ansonsten lohnt sich für jene, die die ursprachlichen Ausgaben zu Hause haben, ein allgemeiner Blick auf den Apparat unter der Leitfrage: **Wieviel ist da los?** Für die Predigt selbst gilt hier, dass nicht in jedem Fall eine abschließende Klärung notwendig ist, welches die ursprünglichere Variante ist. Die Wahrnehmung der „produktiven Textstörungen" ist manchmal schon anregend genug.

Von der Frage zur Information: Hier gehen Sie quasi genau umgekehrt vor. Am Anfang stehen Ihre Fragen an den Text und an welchen Stellen der Perikope sie sich brechen. Werfen Sie nun einen Blick in den textkritischen Apparat der ursprachlichen Ausgaben oder einen Kommentar. Vielleicht hat sich schon vor Ihnen jemand an dieser Formulierung gestört oder ähnliche Fragen gestellt? Welche Antworten und weiteren Sinnpotentiale wurden hier schon einmal gefunden? Möchte man sich an dieser Stelle selbst auf Spurensuche machen, lässt sich die Methode auf drei wesentliche Schritte reduzieren:

1) **Aufschlüsselung des textkritischen Apparates in den wissenschaftlichen Standardausgaben von Altem und Neuem Testament:**
Zunächst geht es um eine Bestandsaufnahme: Wo gibt es welche Varianten des Textes in welchen Texttraditionen und Handschriften? Diese Informationen sind im textkritischen Apparat mit speziellen Siglen abgekürzt. Die Aufschlüsselung dieser Zeichen lässt sich mit Hilfe der beigegebenen Abkürzungsverzeichnisse in den ursprachlichen Ausgaben aufschlüsseln.

2) **Gewichtung bzw. Prüfung der Abhängigkeitsverhältnisse der unterschiedlichen Textzeugen (äußere Textkritik):**
Hier ist viel Hintergrundwissen gefragt. Wann ist welche Handschrift bzw. Texttradition entstanden? Welche anderen Handschriften lagen ihr vor oder welche hat sie übersetzt (*manuscripta ponderantur non numerantur* = „Die Handschriften werden gewichtet, nicht gezählt")?

Wer sich einen Überblick über die Texttraditionen des Alten Testaments und ihre aktuelle Bewertung verschaffen möchte, kann dies hier tun:

- Achilles Fischer, Art. Bibeltext/Textkritik (AT), in: Das Wissenschaftliche Bibellexikon im Internet (www.wibilex.de), 2018

Auch die Texte von LXX und Vulgata sowie vieler alt- und neutestamentlicher Handschriften selbst sind für Liebhaber:innen mittlerweile online aufrufbar:

- *Deutsche Bibelgesellschaft* (www.bibelwissenschaft.de/online-bibeln/)

  Handschriften vom Toten Meer (www.deadseascrolls.org.il/)

Für das Neue Testament ist aktuell noch keine äquivalente Übersicht über die Texttraditionen digital verfügbar. Fündig wird man nach wie vor in den gängigen Methodenbüchern oder hier:

- K. Aland/B. Aland, Der Text des Neuen Testaments. Einführung in die wissenschaftlichen Ausgaben sowie in Theorie und Praxis der modernen Textkritik, Stuttgart ²1989.

  Elberfelder Bibel. Neues Testament. Textkritische Ausgabe, Witten/Dillenburg 2014.

- *Institut für neutestamentliche Textforschung* (http://egora.uni-muenster.de/intf/)

3) Sprachliche und sachliche Prüfung der unterschiedlichen Varianten (innere Textkritik):

Hier müssen bspw. die unterschiedlichen grammatischen Konstruktionen erschlossen, aber auch geprüft werden, wie die Varianten sich z.B. lexikalisch, metrisch-stilistisch, historisch und theologisch im Textzusammenhang verorten lassen. Dabei klärt sich oft, ob es sich um unabsichtliche Schreib- und Lesefehler oder absichtliche Änderungen handelt. Die berühmten Faustregeln der Textkritik sind hierbei: „Die schwierigere Lesart ist die wahrscheinlichere" (*lectio difficilior probabilior*) und: „Die kürzere Lesart ist die vorzüglichere" (*lectio brevior potior*). Sekundär ist also meist diejenige Lesart, deren Entstehung sich leichter als Ergänzung oder Vereinfachung erklären lässt.

💡 Einen interessanten Fall, an dem man sich austesten kann, haben wir in der berühmten Erzählung der Bindung Isaaks Gen 22,1–14(15–19) (Judika/VI): Die gängigen deutschen Übersetzungen lesen in V. 13 mit einem Großteil der Überlieferungstradition: „Und Abraham erhob seine Augen und sah einen Widder […]". Die grundlegende Handschrift für die gängigen hebräischen Bibelausgaben ist aber so zu übersetzen: „Und Abraham erhob seine Augen und sah einen anderen Widder …".

Die hebräischen Worte für „einer" (אחד) und „ein anderer" (אחר) sehen sich sehr ähnlich und leicht könnte es hier zu einer Verwechslung bzw. einem Verschreiber gekommen sein. Doch wer hat sich hier verschrieben? Und: war es wirklich nur aus Versehen?

✏️ Erkunden Sie für sich die theologischen Implikationen beider Versionen, indem Sie den Satz weiterschreiben:

„Und Abraham erhob seine Augen und sah einen Widder, denn …".

„Und Abraham erhob seine Augen und sah einen anderen Widder, denn …".

Was wird daraus?

Die Intention der anderen wertschätzen

In allen Fällen ist es eine Frage der Formulierung, wie textkritische Details aufgenommen werden. Es geht nicht darum, die Predigt mit exegetischen Details zu schmücken, sondern um eine engagierte Auseinandersetzung mit den produktiven Textstörungen der Vergangenheit. Wenn man absichtliche Textänderungen nicht mehr per se als „Verfälschung" eines Urtextes bewertet, gelingt es besser, Formulierungen zu finden, die die damaligen Mini-Kommentatoren in ihren theologischen und menschlichen Facetten ernstnehmen.

> Feilen Sie an Formulierungen, mit denen Sie Wertschätzung für die theologischen Anliegen der damaligen Tradenten zum Ausdruck bringen:
>
> ♡ Testen Sie die folgenden Formulierungen doch mal am unten dargestellten Beispiel aus:
>
> - „Mich beeindruckt der Gedanke/die Idee ..."
> - „Da hat jemand nicht ausgehalten, dass ... – Kann ich das?"
> - „Da hatte jemand ein wichtiges Anliegen: ..."
>
> 💡 Der sekundäre Schluss des Mk-Evangeliums in Mk 16,9–20 (Quasimodogeniti/WT), der vermutlich erst im 2. Jahrhundert n. Chr. hinzugefügt wurde, hat einen schweren Stand. Deutlich anregender ist für die meisten Prediger:innen die Auseinandersetzung mit dem abrupten: „Und sie sagten niemandem etwas, denn sie fürchteten sich" (V. 8) des ursprünglichen Mk-Schlusses.
>
> ✏ Lesen Sie sich gerade deshalb Mk 16,9–20 noch einmal genau durch und formulieren Sie zwei wertschätzende Zusammenfassungen.

Die Intention wertschätzen und in kritischen Dialog treten

Wertschätzende Kommunikation geht nicht in Lob und Anerkennung auf. Wertschätzende Kommunikation kann ebenso (ohne zu werten) eine Beobachtung schildern, um dann in kritische Auseinandersetzung zu treten, indem man konkret ein Gefühl oder einen Gedanken benennt und beides an sich selbst zurückbindet.

> ♀ Lk 2,41–51 (2. S.n.d. Christfest/III): Die Geschichte vom zwölfjährigen Jesus im Tempel thematisiert die schwierige Familienzugehörigkeit Jesu, ohne das Spannungsfeld aufzulösen. Das hat offenbar die (Ab-)Schreiber diverser Handschriften dazu veranlasst die Bezeichnung von Maria und Josef als „Eltern" Jesu (V. 43) in „Josef und die Mutter" abzuändern. Hier versucht jemand, klarzustellen, was Maria offensichtlich nicht richtig verstanden hat, denn sie bezeichnet Josef in V. 48 nochmal als Vater Jesu: „Dein Vater und ich haben dich mit Schmerzen gesucht!"
>
> ✏ 1. Beschreiben Sie die Veränderung mit eigenen Worten.
> 2. Formulieren Sie nun ein Gefühl oder einen Gedanken, der bei Ihnen dadurch ausgelöst wird, und verwenden Sie dabei ganz bewusst „ich", also z.B. „Ich ärgere mich/bin genervt/gelangweilt/erschrocken/verblüfft, dass …"
> 3. Formulieren Sie nun einen „theologischen Wunsch" – also einen Wunsch, wie Kirche/die kirchliche Tradition, auf bestimmte Phänomene reagiert. „Ich wünsche/brauche/träume von …"
>
> Bsp.: Da war es jemandem ein dringendes Anliegen, dass Josef nicht als Vater Jesu genannt wird, weil Jesus doch der Sohn Gottes ist. Ich ärgere mich darüber, dass es nicht möglich war, sich vorzustellen, dass jemand zwei Väter haben kann. Ich brauche aber eine Kirche, die gerade beim Thema „Familie" neue Formen denken kann.
>
> ✏ Verfahren Sie ähnlich mit Lk 22,39–46 (Gründonnerstag/V): In vielen und wichtigen Handschriften fehlen V. 42–43 („Da erschien ihm ein Engel vom Himmel und stärkte ihn. 44 Und er betete in seiner Angst noch inständiger und sein Schweiß war wie Blut, das auf die Erde tropfte"). Es ist keine klare Entscheidung möglich, ob die Verse absichtlich hinzugefügt oder gestrichen wurden. Gehen Sie den Weg von Beobachtung – Wertschätzung – Wunsch daher in beide Richtungen.

Wortspiele mit den Varianten

Kleinere, aber sinnneustiftende Varianten können gut aufgenommen werden, indem man sich selbst in das Spiel einreiht. Hierzu ist es hilfreich, das entsprechende Wort oder die Wortverbindung in ihre einzelnen Bestandteile zu zerlegen und diese im Deutschen dann entsprechend zu variieren.

> ♀ 2. Kor 5,1–10 (vorl. S.d.KJ/III): In V. 3 bieten die meisten Handschriften die Lesart „weil wir dann bekleidet (ἐνδυσάμενοι) und nicht nackt befunden werden". Einige andere die Variante „weil wir dann entkleidet (ἐκδυσάμενοι) und nicht nackt befunden werden".
>
> ✎ Sammeln Sie Wörter zu be-kleid-en. Welche lassen sich weiter im Paulussatz verwenden, welche erfordern eine andere Pointe?

Alternativen zur alternativen Lesart finden

Auch in diesem Fall lassen Sie sich von den späteren Textvarianten inspirieren, an einer bestimmten Stelle im Text weiterzudenken und zu schreiben. Diese Variante eignet sich besonders, wenn ganze Sätze zum ursprünglichen Text hinzugefügt wurden.

> ♀ Die berühmte Geschichte von Kain und Abel in Gen 4,1–16a (13. S.n.Tr./III): Der hebräische Haupttext liest in V. 8: „Und Kain sprach zu/mit seinem Bruder Abel. Und es geschah, als sie auf dem Feld waren, da erhob sich Kain ..." Zu gern würde man wissen, was die beiden miteinander besprochen haben, doch die Erzählung enthält hier eine Leerstelle.
>
> Nicht so in diversen, anderen Handschriften, die den Vers wie folgt überliefern: „Und Kain sprach zu/mit seinem Bruder Abel: Gehen wir aufs Feld! Und es geschah, ..." Da der hebräische Text sowohl die schwierigere als auch die kürzere Lesart bietet, ist die wörtliche Rede anderer Überlieferungen eine gut erklärbare Ergänzung. Damit wird aus der Leerstelle eine kaltblütig kalkulierte Aktion Kains, der sein Opfer an einen abgeschiedenen Ort bringt.
>
> ✎ 1. Erstellen Sie eine Liste mit drei (oder mehr) Sätzen, die ebenfalls als Ergänzung getaugt hätten.
> 2. Schreiben Sie drei entsprechende kurze Sequenzen, die zu einem anderen Ausgang der Geschichte führen.
> 3. Schreiben Sie nun drei entsprechende kurze Sequenzen, die zum gleichen Ausgang der Erzählung führen.
> 4. Wählen Sie nun für Ihre Predigt aus.

Skizzen aus der Praxis: Verarbeitung von textkritischen Entdeckungen

Eine Predigt zu Mk 16,1-8 (Ostersonntag/IV),[10] die auch explizit auf das textkritische Problem des Mk-Schlusses hinweist, und den ursprünglichen Mk-Schluss stark macht. Sie empfiehlt die „Fortschreibung" des Evangeliums allen Hörer:innen im eigenen Leben und rahmt so die gesamte Predigt.

> „Sie flohen von dem Grab; denn Zittern und Entsetzen hatte sie ergriffen. Und sie sagten niemandem etwas; denn sie fürchteten sich." Das ist der Schluss des Markusevangeliums.
> Die Verse danach haben spätere Leser dem Evangelium hinzugefügt. Sie sagten sich: So kann das Evangelium nicht enden. Es ist eine frohe Botschaft - und Markus sagt: Sie fürchteten sich. Ganz anders Matthäus. Der Auferstandene erscheint den Jüngern und spricht zu Ihnen [sic] "siehe ich bin bei euch alle Tage bis an der Welt Ende." Das ist tröstlich. Oder Lukas: Der Auferstandene erscheint den Jüngern, er fährt in den Himmel. Die Jünger „waren allezeit im Tempel und priesen Gott". Österliche Gemeinde, wie sie sein soll. Ein gutes Vorbild. Und Markus: „Sie fürchteten sich." Spätere Leser haben nach dem Muster von Matthäus und Lukas dem Markusevangelium einen tröstlichen Schluss angehängt. Damit haben sie durchaus im Sinne des Markus empfunden. Er wollte das persönliche Osterbekenntnis herausfordern. Nur dass ein paar Leser sehr weit gegangen sind, indem sie sein Evangelium veränderten.
> [...]
> Das Evangelium bekommt viele persönliche Schlüsse, deinen und meinen. Deshalb lässt Markus das Ende offen. Er kann es nicht für uns schreiben. Keiner kann das für den anderen vorschreiben. Jeder hat seinen eigenen Ausgang aus dem Grab. Mit jedem findet Gott einen Weg ins Osterlicht. Wir sollen das Evangelium nicht zuklappen und sagen: Unglaublich war das damals. Wir schreiben es fort. Es weist in unser

---

10 Predigt von Amélie Gräfin zu Dohna, gehalten am 11.04.2010 in der Stephanuskirche Göttingen-Geismar. www.predigtpreis.de/predigtdatenbank/predigt/article/osterpredigt-ueber-markus-161-8.html (23.11.2022).

jeweiliges, ganz normales Leben. Da findet das Evangelium seine Fortsetzung. Die drucken wir nicht in die Bibel, wie es vor langer Zeit einige mit dem Markusevangelium getan haben. Das Evangelium hat einen offenen Schluss. Offen für Gottes Weg mit jedem einzelnen. Der Herr ist auferstanden. Amen.

Eine Predigt zu Joh 8, 3-11 (4. S.n.Tr./IV),[11] die die Kanonfrage nutzt, um die theologischen Schwerpunkte und die Dynamik des Predigttextes aufzuschlüsseln. Hierzu nimmt die Predigerin die Gemeinde mit in den eigenen Frageprozess hinein. Die Predigt wird gerahmt von der Frage, was Texte auszeichnen könnte, die neu zur Bibel dazukommen. Abgedruckt sind Anfang und Schluss der Predigt.

Liebe Gemeinde,
Darf man eigentlich Sachen zur Bibel hinzufügen? Also neue Geschichten, neue Erlebnisse oder Erkenntnisse dazuschreiben?
[Gemeinde fragen]
Das ist eine Frage, die ich auch gern in der Schule oder im Konfi-Unterricht diskutiere. Es ist eine schwierige Frage. Denn welche Kriterien müsste man da anlegen, um zu beurteilen: Das ist es wert, Teil der Heiligen Schrift zu werden?
Diese Fragen sind nicht abwegig. Es sind die Fragen, die sich auch die großen Kirchenversammlungen um 400 n. Chr. stellen mussten. Sie haben diskutiert, verglichen. Manches rausgeworfen, anderes beibehalten. Denn die Bibel ist ja nicht so vom Himmel gefallen.
Wie müsste eine Geschichte über Jesus aussehen, von der wir sagen: Die ist so gut, die soll jetzt auch noch zur Bibel dazugehören?
Vielleicht hat er sich auch die Frage gestellt. Der Autor unseres heutigen Predigttextes. Er schreibt im 5. Jahrhundert nach Chr. Geburt. Ja – über 400 Jahre nachdem Jesus gelebt hat und lange nachdem all die Schriften, die wir heute als „Neues Testament" bezeichnen entstanden sind. Irgendwie hat er es geschafft und seine Geschichte noch untergebracht in der Heiligen Schrift. Warum ist ihm das geglückt, frage ich mich.
[...]

---

11 Predigt von Ann-Kathrin Knittel, gehalten am 10.07.2022 in der Paul-Gerhardt-Kirche Weinheim-Sulzbach.

Wie müsste eine Geschichte über Jesus aussehen, von der wir sagen: Die ist so gut, die soll jetzt auch noch zur Bibel dazugehören? – Ich meine, so wie diese. Weil hier jemand in wunderbarer Weise weitererzählt, was Jesus so umgetrieben hat. Was ihn ausmacht. [...] So gut hat unser Schreiber Jesus verstanden. Wir auch? [...]

Eine Predigt über Zeph 3,14-17 (Dieser Text wurde doch nicht in den endgültigen Entwurf der Perikopenordnung aufgenommen – schade eigentlich ...),[12] *die den Weg der expliziten Erklärung wählt. Dies mag zwar auch dem Kontext „Universitätsgottesdienst" geschuldet sein, in dem sie gehalten wurde, doch dürfte sie mit ihrer starken theologischen Botschaft auch gemeindetauglich sein. Oder zumindest Prediger:innen dazu ermuntern, auch hin und wieder der Textkritik ein Herz zu schenken.*

[...] Der letzte Satz unseres Textes hat eine Besonderheit. Normalerweise braucht sich kein Gemeindeglied um die alten Sprachen zu kümmern. Aber erlauben Sie mir heute, doch einmal einen Blick darauf zu werfen.
Vers 17 begegnet in den alten Handschriften in drei Varianten: Der hebräische Text lautet: „Gott schweigt in seiner Liebe." Das bedeutet: Gott unterdrückt seinen Zorn, weil er dich liebt. In der griechischen Übersetzung, die im 2. oder 1. Jahrhundert vor Christus entstand, ist der Text anders überliefert: Der kleine Unterschied in der Textüberlieferung hat große theologische Tiefe. Jetzt heißt es nicht mehr: „Und Gott wird schweigen in seiner Liebe", sondern „Gott wird dir seine Liebe neu machen", was eine große Verschiedenheit bedeutet. Ob Gott nun schweigt oder seine Liebe erneuert – daran hängt viel. Wie herrlich ist diese Vorstellung, die das Prophetenbuch weckt: Gott erneuert seine Liebe zu dir! Die griechische Übersetzung hat offenbar noch einen tieferen Gedanken an dieser Stelle gefunden: [...] ER (Gott) erneuert dich in seiner Liebe. [...]

---

12 Predigt von Manfred Oeming, gehalten am 11.10.2015 in der Peterskirche Heidelberg. Manfred Oeming, *Gott erneuert seine Liebe zu dir. Predigt über Zephania 3,14-17*, in: Ders. (Hg.), Ahava. Die Liebe Gottes im Alten Testament (ABG 55), Leipzig 2018, 478–481. (Hervorhebung i.O.)

Die Formen aufräumen – Sprachliche Analyse

Ordnung ist das halbe Leben - woraus mag die andere Hälfte bestehen?
Heinrich Böll

Worum geht's?

Häufig ist es die Farbe, die einem Kunstwerk ihren Charakter verleiht. Die Verwendung heller, freundlicher, harmonierender oder kräftiger Farben machen das Werk zu einem einzigartigen. Sie sorgen zudem oft dafür, dass wir ein Kunstwerk überhaupt als solches wahrnehmen, denn durch die Farben unterscheidet es sich von seiner Umwelt und grenzt sich so beispielsweise von der weißen Wand ab, an der es hängt. Treten wir näher an das Kunstwerk heran, sehen wir nur noch einen Teil der Farben, diese aber umso detaillierter ebenso wie ihre Struktur, die Pinselführung, ihre Pastosität. Die Farben, vor allem aber die Art ihrer Verarbeitung sowie die Strukturierung des Bildes sind wesentliche Gestaltungsmittel einer kunstschaffenden Person. In welcher Schaffensphase ist das Bild entstanden? Nimmt es charakteristische Gestaltungselemente der Person auf oder benutzt der:die Künstler:in neue, andere Farben, schafft vielleicht ganz neue, bisher ungesehene Strukturen? Möglicherweise haben die einzelnen Farben und Strukturen spezifische Bedeutungen? Um dies herauszufinden ist es hilfreich, sie zu sortieren, bzw. aufzuräumen, wie Ursus Wehrli dies in seinen Werken tut:

 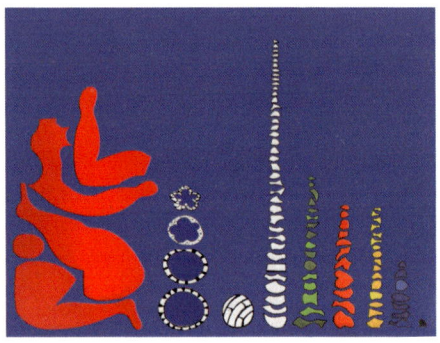

Abb. 4: Ursus Wehrli, Niki de Saint Phalle, Volleyball, 1993 / aufgeräumt, 2004

Wehrli zerlegt ein anderes Werk (hier die Volleyball-Nana von Niki de Saint Phalle) in seine Einzelteile, die dann wiederum für sich betrachtet werden können und ganz neue Einsichten bieten. So fällt hier beispielsweise und überraschend auf, wie viel Weiß in der Nana verarbeitet ist und dass es gerade das Weiß ist, was ihr Strukturen verleiht.

So, wie die Farben auf einer Leinwand erst durch ihre Struktur und Verbindung zueinander das Kunstwerk zu dem machen, was es ist und wie es erscheint, so ist es auch mit dem biblischen Text. Er besteht aus einer Vielzahl von Wörtern und Zeichen, die jeweils einen eigenen Bedeutungshorizont haben, vor allem aber in Beziehung zueinanderstehen und damit eine einzigartige Textstruktur erzeugen. Diese ist sowohl in konzentrierter Vergrößerung anzuschauen als auch in der Gesamtschau, also im Kontext des biblischen Buches, zu sehen.

⚡ **Die sprachliche Analyse untersucht die internen Beziehungen des Textes auf syntaktischer, semantischer, narrativer und pragmatischer Ebene. Sie legt offen, wie die Teilelemente eines Textes diesen als ein Ganzes organisieren.**

Ein wichtiger Schritt in der sprachlichen Analyse ist also zunächst das „Aufräumen" des Textes. Wortarten, Wortformen, Wortfelder, Vorzugsworte, seltene Wörter oder gar Hapaxlegomena (= Wörter, die nur einmal im Alten oder Neuen Testament vorkommen) können hier als Sortierungshilfe dienen. Gleiches gilt für Satzarten, Sprechhandlungen sowie theologische Leitbegriffe.

Wie beim Aufräumen von Kunst oder dem Sortieren vom Inhalt eines Kleiderschranks ist es auch hier ratsam **vom Groben ins Feinere** vorzugehen. Nach einer Abgrenzung des Textes und der Analyse des Kontextes, in dem dieser steht, geben Strukturen weitere Hinweise auf die Intention und Art des Textes, bevor in detaillierten Begriffsanalysen auch feinste Bedeutungsunterschiede herausgestellt werden.

Wie wird's gemacht?

Auch wenn die sprachliche Analyse ursprünglich am hebräischen oder griechischen Text vorgenommen wird, kann auch bereits eine Beschäftigung mit dem deutschen Text gewinnbringende Einsichten bereithalten. Doch bevor eine Beschäftigung mit einzelnen Strukturen oder Wörtern ansteht, ist der Textkontext in den Blick zu nehmen:

Zunächst ist der Predigttext in seinem **Kontext zu verorten** und von den umliegenden **Perikopen abzugrenzen**. Hierzu ist es immer sinnvoll, sich einen groben Überblick darüber zu verschaffen, an welcher Stelle eines biblischen Buches oder literarischen Zusammenhangs der aktuelle Predigttext zum Stehen kommt.

> Bibelkundliche Überblicke finden Sie in allen gängigen Einleitungsbüchern, aber auch digital, bspw. auf der Seite der Deutschen Bibelgesellschaft (digitalisierte Form der Bibelkunde AT von Rösel und der Bibelkunde NT von Bull):
>
> *Deutsche Bibelgesellschaft* (www.bibelwissenschaft.de/bibelkunde)
>
> Martin Rösel, Bibelkunde des Alten Testaments. Die kanonischen und apokryphen Schriften, Göttingen [11]2021.
>
> Klaus-Michael Bull, Bibelkunde des Neuen Testaments. Die kanonischen Schriften und die Apostolischen Väter, Göttingen [8]2018.

Zur Perikopenabgrenzung sehen Sie sich jeweils den Anfang und das Ende des Textes an und prüfen, welche Argumente dafürsprechen, genau hier Gliederungseinschnitte zu setzen, die es rechtfertigen, diesen Text als eigenen Abschnitt zu behandeln. **Signale für den Textanfang** sind dabei (textinterne!) Überschriften, Orts-/Zeit-/Personenwechsel, Einleitungsformeln, eröffnende Fragen o.ä. **Signale für das Ende einer Texteinheit** sind entsprechend der Abschluss eines Erzählbogens, Abschlussformeln, Themenwechsel oder zusammenfassende Bemerkungen.

Zusammen mit der Abgrenzung vom Kontext geht es – v.a. bei Erzähltexten, die ja häufig größere Bögen umfassen – auch darum, die Verbindungen Ihres Textabschnitts zu seinem Kontext aufzuzeigen.

Dazu sollten Sie sich ansehen, welche Texte dem Abschnitt direkt vorausgehen bzw. auf ihn folgen (**Mikrokontext**) und wie der Abschnitt in den größeren Erzählzusammenhang eingebunden ist (**Makrokontext**).

Mt 28,16–20 (6. S.n.Tr./III) stellt das Ende eines gut abzugrenzenden Makrokontextes dar, der für die Predigt fruchtbar werden kann:

💡 Makrostrukturell bilden Mt 28,20b und Mt 1,23 eine Einheit (eine sog. *inclusio*). Sie dient als Klammer, die zeigt, dass alles, was zwischen diesen Versen passiert, in der Zusage des Mit-Seins Gottes in Jesus und des Mit-Seins Jesu mit seinen Anhänger:innen steht. Diese Klammer drückt aus: Alles, was dieser „Immanuel" (hebr. für: Gott (sei/ist) mit uns) tut und fordert, hat dieses Mit-Sein zum Vorzeichen, was in Mt 28,20 nochmal aufgenommen wird. Während es in Mt 1,23 noch darum ging, Jesus selbst zu qualifizieren, als den, durch den Gott bei den Menschen ist, ist es in Mt 28,20 das Mit-Sein des Auferstanden mit den Jünger:innen, welches im Zentrum steht.

✏️ Nutzen Sie den Erzählbogen und übertragen Sie ihn auf heute: Sammeln Sie Situationen, in denen das Mit-Sein Gottes deutlich wurde, und erzählen Sie davon, wie Matthäus es tut. Ergänzen Sie dazu: „Gott war mit mir/uns, als …"

👥 Das kann auch im Gottesdienst geschehen, z.B. durch ein angeleitetes Murmelgespräch zum Satzanfang oder

💻 eine digitale Umfrage (z.B. über www.mentimeter.com). Sammeln Sie (anonym) auf der (Lein-)Wand Situationen, in denen sich die Gottesdienstteilnehmenden von Gott begleitet fühlten. Sie werden überrascht sein, was für ein Blumenstrauß an Gottesbegegnungen und kleinen Erzählbögen sich so auftut.

♡ Verändert sich das Mit-Sein Gottes und dessen „Qualität" in Ihrem Leben in Abhängigkeit vom Beobachtungspunkt?

Eine Analyse des Kontextes ist wichtig, um auch bei dem konzentrierten Blick auf einen (kurzen) Textabschnitt die größeren Linien nicht aus den Augen zu verlieren oder gar zu erkennen, dass auch die Perikopenordnung sich nicht immer an exegetisch plausiblen Perikopengrenzen orientiert.

Ein sehr berühmtes Beispiel hierfür ist die Perikopenabgrenzung von Röm 3,21–28 (Reformationstag/II):

💡 So fällt auf, dass die Perikopenordnung sich von zahlreichen Kommentaren, die sehr plausibel erklären, warum das Perikopenende erst bei V. 31 liegt, abgrenzt und dies zudem an keiner Stelle vermerkt oder transparent macht. Doch lesen Sie selbst:

21 Nun aber ist ohne Zutun des Gesetzes die Gerechtigkeit, die vor Gott gilt, offenbart, bezeugt durch das Gesetz und die Propheten. 22 Ich rede aber von der Gerechtigkeit vor Gott, die da kommt durch den Glauben an Jesus Christus zu allen, die glauben. Denn es ist hier kein Unterschied: 23 Sie sind allesamt Sünder und ermangeln des Ruhmes, den sie vor Gott haben sollen, 24 und werden ohne Verdienst gerecht aus seiner Gnade durch die Erlösung, die durch Christus Jesus geschehen ist. 25 Den hat Gott für den Glauben hingestellt zur Sühne in seinem Blut zum Erweis seiner Gerechtigkeit, indem er die Sünden vergibt, die früher begangen wurden 26 in der Zeit der Geduld Gottes, um nun, in dieser Zeit, seine Gerechtigkeit zu erweisen, auf dass er allein gerecht sei und gerecht mache den, der da ist aus dem Glauben an Jesus. 27 Wo bleibt nun das Rühmen? Es ist ausgeschlossen. Durch welches Gesetz? Durch das Gesetz der Werke? Nein, sondern durch das Gesetz	21 Nun aber ist ohne Zutun des Gesetzes die Gerechtigkeit, die vor Gott gilt, offenbart, bezeugt durch das Gesetz und die Propheten. 22 Ich rede aber von der Gerechtigkeit vor Gott, die da kommt durch den Glauben an Jesus Christus zu allen, die glauben. Denn es ist hier kein Unterschied: 23 Sie sind allesamt Sünder und ermangeln des Ruhmes, den sie vor Gott haben sollen, 24 und werden ohne Verdienst gerecht aus seiner Gnade durch die Erlösung, die durch Christus Jesus geschehen ist. 25 Den hat Gott für den Glauben hingestellt zur Sühne in seinem Blut zum Erweis seiner Gerechtigkeit, indem er die Sünden vergibt, die früher begangen wurden 26 in der Zeit der Geduld Gottes, um nun, in dieser Zeit, seine Gerechtigkeit zu erweisen, auf dass er allein gerecht sei und gerecht mache den, der da ist aus dem Glauben an Jesus. 27 Wo bleibt nun das Rühmen? Es ist ausgeschlossen. Durch welches Gesetz? Durch das Gesetz der Werke? Nein, sondern durch das Gesetz

des Glaubens. 28 So halten wir nun dafür, dass der Mensch gerecht wird ohne des Gesetzes Werke, allein durch den Glauben. (LU 17)	des Glaubens. 28 So halten wir nun dafür, dass der Mensch gerecht wird ohne des Gesetzes Werke, allein durch den Glauben. 29 Oder ist Gott allein der Gott der Juden? Ist er nicht auch der Gott der Heiden? Ja gewiss, auch der Heiden. 30 Denn es ist der eine Gott, der gerecht macht die Juden aus dem Glauben und die Heiden durch den Glauben. 31 Wie? Heben wir das Gesetz auf durch den Glauben? Das sei ferne! Sondern wir richten das Gesetz auf. (LU 17)

🔍 Die Ausweitung der Perikope um drei Verse hat deutliche inhaltliche Konsequenzen. Überlegen Sie, welches Bild des Judentums in den jeweiligen Varianten entsteht und welchen Einfluss die V. 29–31 darauf haben.

✏ Formulieren Sie ausgehend von beiden Texten eine Beschreibung des „Gesetzes". Inwiefern unterscheiden Sie sich?

Diese wichtigen Informationen bieten zuverlässig **exegetische Kommentare**. Doch häufig genügt – wie auch im vorliegenden Fall – bereits ein Blick in **andere** (nicht lutherische, z.B. katholische) **Bibelübersetzungen**, um auf mögliche Stolperstellen und interessante Grenzen aufmerksam zu werden.

🔍 Legen Sie für Ihre Bibelstelle unterschiedliche Bibelübersetzungen nebeneinander und untersuchen Sie zunächst nur, ob die Perikopen an den gleichen Versen beginnen und enden oder welche Zwischenüberschriften/Einteilungen vorliegen. (Leider unterscheiden sich allerdings teilweise die gedruckten von den digitalen Werken, warum wir für dieses Vorgehen bei Einbezug der Einheitsübersetzung deren gedruckte Version empfehlen.)

Danach geht es ans „**Aufräumen**" **des Textes**: Das kann auf ganz unterschiedlichen Ebenen passieren und geschieht zunächst rein mechanisch, ohne auf den Inhalt der Worte und Sätze zu achten.

> 🖉 Um mit dem Text in Kontakt zu kommen und ein Gespür für seine Entwicklungen auf der Textoberfläche zu bekommen, ist es hilfreich, diesen zunächst einmal **abzuschreiben** und verweise **untereinander anzuordnen**. Von diesem Überblick ausgehend lassen sich die im Anschluss gestellten Fragen zudem meist besser und schneller beantworten.

Innerhalb dieses Unterschritts ist es sinnvoll, **vom Großen zum Kleinen** vorzugehen und das Augenmerk erst auf die Satz-/Textebene und danach auf die Wort- und schließlich sogar auf die Lautebene zu lenken. Je nach Zeitkapazität und Text können in der Predigtvorbereitung natürlich auch nur einzelne Ebenen fokussiert werden. Dabei kann ein Blick in die Ursprachen Erhellendes bieten, selbstverständlich geht dies aber auch nur mit dem deutschen Text.[13]

> 🖉 **Bunte Stifte** helfen, um der semantisch-syntaktischen Ebene eines Textes auf die Spur zu kommen. So werden beispielsweise alle Verben in einem Text markiert, alternativ auch die verschiedenen Wortarten in verschiedenen Farben.
> 🖉 **Ein dicker Schwarzstift** kann dazu genutzt werden, alle anderen Worte eines Textes auszustreichen, sodass bspw. nur die Verben übrigbleiben.[14]
> 🖥 Wer lieber digital arbeitet, kann dafür folgendes Tool nutzen: https://versteckteverse.glitch.me

Auch können konkrete Fragen dabei helfen, den Text aufzuräumen: Ausschlaggebend bei allen folgenden Fragen ist (wie immer) die grundsätzliche Anfrage, ob diese Beobachtungen etwas zum Textverständnis austragen, dieses verändern oder neue Einsichten bringen.

---

13 Hier sei auf das Kapitel „Das Material vorbereiten – Übersetzung" verwiesen, welches sich ausführlich mit den Chancen, die die Übersetzung bietet, beschäftigt und fruchtbar macht.

14 Nach einem Verfahren von Austin Kleon, Newspaper Blackout: www.newspaperblackout.com (08.10.2022)

Satz-/Textebene

- *Welche Satztypen und -formationen* (z.B. Nominalsatz, Verbalsatz, Narrativkette ...) *werden verwendet* und was für einen Effekt erzeugt diese Auswahl? (Dieser Aspekt lässt sich besonders deutlich in den Ursprachen nachvollziehen. Hier stellt sich die Frage, ob das nicht auch ins Deutsche übertragbar ist und sich in der Übersetzung widerspiegeln kann.) Bspw. in Offb 3,14–22 (1. Advent/V).
- *Wie sind die Sätze miteinander verbunden:* Sind sie durch Konjunktionen miteinander verknüpft oder stehen sie eher einzeln für sich und reihen sich wie Perlen aneinander? Werden eher Hauptsätze oder auch viele Nebensätze verwendet? Sind diese kurz und prägnant oder verschachtelt und lang? (Im Gegenüber von Ursprache und deutschem Text ist es hierbei auch interessant darauf zu achten, welche Sprache mehr „schachtelt".) Bspw. in Ps 69,2–4.8–10.14.21b.22.30 (Palmsonntag/Ps).
- *Welche pragmatischen Funktionen* (z.B. Aussage, Frage, Aufforderung) *haben die Sätze* – ganz unabhängig davon, welche Satzzeichen den Satz beschließen? Widersprechen sich diese vielleicht sogar? Auch hier lohnt häufig ein Blick ins Original, bspw. in Gal 5,1–6 (Reformationstag/III) oder Jer 23,5–8 (1. Advent/IV).
- *Handelt es sich um einen eher beschreibenden Text oder ist er diskursartig gestaltet?* Bspw. in Lk 10,25–37 (13. S.n.Tr./IV).
- *Durch welche Signale wird der Text gegliedert?* (Formeln, Aufzählungen, zeitliche Unterteilungen usw.) Bspw. in Lk 10,38–42 (Estomihi/I).
- *Gerade bei poetischen Texten: Wie wird der Parallelismus membrorum (synonym, klimaktisch, synthetisch, antithetisch) verwendet?* Bspw. in Ps 19,8–14 (21. S.n.Tr./Ps) oder in 1. Kor 15,50–58 (Ostermontag/VI).
- *Lassen sich Textstruktur und Inhalt miteinander in Beziehung setzen?* Bspw. in Mi 5,1–4a (Christvesper/IV).
- *Wie verhalten sich die Textproportionen zueinander?* Bspw. in Röm 7,14–25a (22. S.n.Tr./II).
- *Findet sich direkte Rede und wie gestaltet sich der Gesprächsverlauf?* Bspw. in Joh 5,1–16 (19. S.n.Tr./I).

Für die Untersuchung der Satz-/Textebene können **Interlinearübersetzungen** überraschende Erkenntnisse bieten, gleiches gilt für **synoptische Vergleiche**:

- Stuttgarter Evangelien-Synopse, Stuttgart 2006.

  Interlinearübersetzung griechisch-deutsch, Novum Testamentum Graece 28, Witten 2012.

  Interlinearübersetzung Hebräisch-Deutsch, Biblia Hebraica Stuttgartensia, Witten 1986.

- Digitale Interlinearübersetzungen finden Sie unter:

  www.bibel-online.net

  www.scripture4all.org

  www.biblehub.com/interlinear

  www.de.logos.com

  www.accordancebible.com

Wort-/Lautebene

- *Welche Wortarten* (Substantiv, Verb, Adjektiv, Pronomen, Präposition, Artikel, Konjunktion) *werden verwendet?* Welche besonders oft? Verändert sich die Häufung der Arten im Laufe des Textes? Bspw. in Ps 24,1–10 (1. Advent/VI).
- *Wird mit Wortspielen und Stilmitteln gearbeitet?* (Alliteration, Assonanz, Reim, Merismus, Metaphern, etc.) Lassen sich diese vielleicht sogar aus dem Urtext ins Deutsche übertragen? Bspw. in 2. Sam 12,1–10.13–15a (11. S.n.Tr./IV).

Tipp: Die Übersetzung von Buber-Rosenzweig ist bei der Ermittlung von Stilmitteln sehr hilfreich:

- Martin Buber/Franz Rosenzweig, Die Schrift, Stuttgart 2006.

- *Welche Wortformen sind tonangebend?* (Tempus, Genus, Modus, Numerus, Kasus) Bspw. in Mt 1,1–17 (Christfest II/V).
- *Bietet der Wortschatz irgendwelche Besonderheiten?* (Seltene Wörter, Hapaxlegomena, Vorzugsvokabular, Wortkombinationen) Bspw. die äußerste Finsternis, das Heulen und Zähneklappern in Mt 8,5–13 (3. S.n.Tr./IV).
- *Bestimmen einzelne Leitwörter oder Wörter inhaltlicher Zusammengehörigkeit den Text?* Falls ja, lassen sich diese Wortfelder vielleicht auch im Originaltext ausmachen und wie lassen sie sich im Deutschen darstellen? Bspw. in Jes 25,6–9 (Ostermontag/I).
- *Finden sich viele Orts- und Zeitangaben oder besondere Figuren im Text?* Bspw. in Jos 3,5–11.17 (1. S.n.Ep./I).

> Eine **Einleitung**, bzw. ein **Kommentar** kann Auskunft darüber geben, ob der Text theologisches Vokabular verwendet oder aber bewusst darauf verzichtet. Gleiches gilt für Vorzugswörter des Autors.
>
> Sobald Sie mit einzelnen Wörtern Ihres Textes arbeiten, kann auch die Arbeit mit **Konkordanzen** für diesen Schritt dienlich sein. Sie geben Einblick in die Häufigkeit der Wortverwendung sowie ihren Verwendungskontext. Gleiches gilt für die Arbeit mit **Wörterbüchern**.[15]
>
> www.bibelwissenschaft.de bietet sowohl ein digitales **Begriffslexikon** als auch einen **Online-Kommentar.**
>
> Auf www.bibleserver.com finden Sie neben einer **Konkordanz** auch die Funktion ganze Redewendungen (und ihr Vorkommen) zu untersuchen sowie ausführliche Erklärungen zu bestimmten Themen.

Neben diesen Fragen gibt es noch weitere Aspekte, die beim Aufräumen des Textes helfen können:

---

15 Zur Konkordanz- und Wörterbucharbeit siehe auch die entsprechenden Ausführungen im Kapitel „Die Gemäldebeschriftung – Traditionsgeschichte".

Erzählzeit/erzählte Zeit

- Durch Raffung, Dehnung und Auslassung werden Geschwindigkeit, Spannung, Gewichtung und Rhythmik des Textes beeinflusst. Wie verhält sich das in Ihrem Text? *Was wird besonders ausführlich erzählt, worüber schnell hinweggesprungen?* Bspw. in 1. Kön 10,1–13 (Epiphanias/VI).
- *Gibt es vielleicht sogar einen personalen oder Ich-Erzähler? Warum?* Bspw. in Apg 16,9–15 (Sexagesimae/I).

Abstufungen/Wertungen

- *Entsteht im Text der Eindruck bestimmter Abstufungen, wie z.B. Wertungen oder Priorisierungen?* Diese verstecken sich häufig in Aufzählungen, bspw. in Gen 1,1–4a(4b–25)26–28(29–30)31a(31b) oder 2,1–4a (Jubilate/IV).

Die Erarbeitung dieser Fragen kann auf vielfältige Weise geschehen, oft lassen sich Fragen miteinander verbinden und kann der Schritt durch (digitale) Tools bereichert werden.

> **Lesen** Sie sich alle Wörter eines Worttyps **laut vor** und laufen Sie dabei durch den Raum.
>
> Dies kann auch über das **Lesen in verteilten Rollen** erfolgen. Ein solches Verfahren ist auch auf Sprechhandlungen übertragbar oder stellen Sie die Worte pantomimisch dar.
>
> **Wortfelder/Mindmaps** sind zentrales Mittel dieses Arbeitsschrittes. Sie sortieren nicht nur den Text neu, sondern geben ganz neue Einsichten und Blicke frei.
>
> Was mit Stift und Papier funktioniert, geht auch digital und zwar sogar noch eindrucksvoller.
>
> Über Tools wie **Wordle** können ungeahnte Häufungen bestimmter Begriffe hervorgehoben werden. Dazu wird der Text (bestenfalls von Füllwörtern und „und"s bereinigt) in eine Maske eingegeben und Sie bekommen ein ganz neues Bild Ihres Textes.

EdWordle (www.edwordle.net)

Wortwolken (www.wortwolken.com)

Vor allem erlaubt Ihnen dieses Tool auch in größerem Stil den Kontext der Perikope mit einzubeziehen und nach übergreifenden Verbindungslinien zu suchen.

🔎 Entscheiden Sie sich für ein oder zwei **zentrale Wörter** aus Ihrem Wortfeld. Geben Sie die Wörter einzeln bei einer Suchmaschine Ihrer Wahl ein. Drücken Sie auf „Suche" und nehmen Sie aus den Listen, die geliefert werden, beliebige erste Teilsätze heraus. Kopieren Sie diese in ein Word-Dokument und verarbeiten Sie sie zu einem Gedicht[16] oder lassen Sie einen Chatbot, wie ChatGPT (https://chatgpt.org/) ran.

An Jos 2,1–21 (17. S.n.Tr./I) zeigt sich, wie das gehen kann: Die Perikope erzählt die bekannte Geschichte der Hure Rahab in Jericho. Schauen wir jedoch genauer hin zeigt sich schnell ein erstaunliches Bild:

Rahab steht einer deutlich größeren Anzahl von Männern (Männer, Herr, Josua, Vater, König, …) gegenüber – eine Tatsache, die man natürlich auch beim Lesen des Textes entdecken kann, die hier aber auf eindrückliche Weise bildhaft wird.

---

16   Nach Stephan Porombka, *Schreiben unter Strom. Experimentieren mit Twitter, Blogs, Facebook & Co.*, Berlin 2011.

> ✏ Machen Sie Rahab zur Autorin Ihrer Geschichte und erstellen Sie im Anschluss eine neue Wortwolke. Was hat sich verändert?
>
> ✏ Stellen Sie tabellarisch das, was Rahab tut und was die Männer tun einander gegenüber. Wie würde sich die Geschichte verändern, wenn nur eine das tut, was all die Männer tun und umgekehrt?

Was wird daraus?

Die Beschäftigung mit der Sprache des Bibeltextes und deren Eigenheiten hat auch predigtpraktisch einiges zu bieten. So kann von der Struktur oder Begriffen ausgehend eine Predigt-/ oder sogar eine ganze Gottesdienstidee entstehen.

Den Text sprechen lassen

Konzentrieren wir uns auf einzelne Wörter, Wortarten oder bspw. die direkte Rede, bieten Texte auf einmal ein ganz anderes Bild des Geschehens:

> 📖 Lesen Sie Joh 5,1–16 (19. S.n.Tr./I) in verteilten Rollen:
>
> 1 Danach **war** ein Fest der Juden, und Jesus **zog hinauf** nach Jerusalem. 2 Es **ist** aber in Jerusalem beim Schaftor ein Teich, der **heißt** auf hebräisch Betesda. Dort **sind** fünf Hallen; 3 in denen **lagen** viele Kranke, Blinde, Lahme, Ausgezehrte. 5 Es **war** aber dort ein Mensch, der **lag** achtunddreißig Jahre **krank**. 6 Als Jesus den **liegen sah** und **vernahm**, daß er schon so lange **gelegen hatte**, **spricht** er zu ihm: *Willst du gesund werden?* 7 Der Kranke **antwortete** ihm: *Herr, ich habe keinen Menschen, der mich in den Teich bringt, wenn das Wasser sich bewegt; wenn ich aber hinkomme, so steigt ein anderer vor mir hinein.* 8 Jesus **spricht** zu ihm: *Steh auf, nimm dein Bett und geh hin!* 9 Und sogleich **wurde** der Mensch **gesund** und **nahm** sein Bett und **ging hin**. Es **war** aber an dem Tag Sabbat. 10 Da **sprachen** die Juden zu dem, der **gesund geworden war**: *Es ist heute Sabbat; du darfst dein Bett nicht tragen.* 11 Er **antwortete** ihnen: *Der mich gesund gemacht hat, sprach zu mir: Nimm*

> *dein Bett und* **geh hin!** 12 Da **fragten** sie ihn: *Wer **ist** der Mensch, der zu dir **gesagt hat**: **Nimm** dein Bett und **geh hin**?* 13 Der aber **gesund geworden war**, **wußte** nicht, wer es **war**; denn Jesus **war entwichen**, da so viel Volk an dem Ort **war**. 14 Danach **fand** ihn Jesus im Tempel und **sprach** zu ihm: *Siehe, du bist gesund geworden; sündige hinfort nicht mehr, daß dir nicht etwas Schlimmeres widerfahre*. 15 Der Mensch **ging hin** und **berichtete** den Juden, es **sei** Jesus, der ihn **gesund gemacht habe**. 16 Darum **verfolgten** die Juden Jesus, weil er dies am Sabbat **getan hatte**. (LU 17)
>
> 💡 Auffällig ist, dass der Angesprochene gar nicht auf die ihm von Jesus gestellte Frage antwortet, sondern seine Mitteilung unabhängig davon zu machen scheint.
>
> 🔍 Erstellen Sie ein Wortfeld aus den Verben. Was lässt sich daraus in Hinblick auf den Text ableiten, widerspricht es dessen Dynamik vielleicht sogar? In welcher Beziehung steht das Wortfeld zu den vorkommenden Personen?

Die Textdynamik aufnehmen

Unter dem Stichwort der „Inszenierung der biblischen Texte" ist es ein anregendes Gestaltungsmittel, die Struktur und Dynamik dieser Texte aufzunehmen und die Predigt analog danach aufzubauen. So kann bspw. von einem dialogischen Text eine dialogische Predigt ausgehen, ein Predigttext mit inhaltlichen Unebenheiten sich in einer Predigt, die ebensolche bewusst einsetzt, niederschlagen. Dies kann bspw. durch das Erzählen einzelner Geschichten geschehen, die erst auf den zweiten Blick etwas miteinander zu tun haben.[17] Die Homilie ist die älteste Form, die sich an dieses Prinzip anlehnt. Doch während die kommentarhafte Form der Homilie die Textdynamik auch immer wieder unterbrechen kann (bzw. qua Strukturprinzip unterbricht), soll hier versucht werden, die Dynamik in den Predigtaufbau zu übersetzen. Das kann herausfordernd sein. Denn manchmal sind Perikopentexte aufgrund bestimmter (in der Lutherbibel fett gedruckter) Schlüsselverse oder eingängiger Bilder ausgewählt. Versuchen wir an dieser Stelle, bewusst den Weg bis dahin mitzugehen.

---

17 Vgl. David Buttrick, *Homiletics. Moves and Structure*, Philadelphia 1987.

Röm 7,14–25a (22. S.n.Tr./II):

💡 Wenn auch recht fragwürdig in der Abgrenzung des Perikopentextes, so lädt er doch dazu ein, die Proportionalität der ausführlichen Schilderung der Notlage (V. 14–24) und dem abrupten und zugleich knappen Wechsel zum Dank (V. 25a) aufzugreifen.

✏ Unterteilen Sie sich Ihr Blatt bzw. Dokument, auf dem Sie die Predigt entwerfen, indem Sie lediglich einen kleinen Kasten am Ende für das Thema Dank/Befreiung reservieren. (Sie können natürlich auch mit der Textdynamik spielen und diese bewusst umkehren – also nur kurz in der Schilderung der Notlage verharren und dann ausführlich danken.)

💗 Was macht diese Verteilung mit Ihnen? Wo spüren Sie den Wunsch anders zu gewichten und warum? Setzen Sie Ihre Gefühle hier bewusst ein.

Auch kann die Textstruktur eine Gestaltungshilfe für die Predigt und sogar den ganzen Gottesdienst sein:

Micha 5,1–4a (Christvesper/IV):

💡 Die Textstruktur ist eindeutig klimaktisch aufgebaut. Aus etwas Kleinem, Unbedeutsamen wird etwas Großes, sehr Wichtiges: Michas Rede beginnt mit Bethlehem, der Kleinen (V. 1), und endet mit der Zeit der Herrlichkeit bis an die Enden der Erde und dem Frieden (V. 3b/4a).

💗 Wo in Ihrem Leben oder Glauben ist aus kleinen, scheinbar unbedeutsamen Ereignissen oder Dingen ganz Wichtiges, Bedeutsames geworden? Vielleicht möchten Sie das teilen oder aber in der Predigt auch andere nach solchen Erfahrungen befragen.

✏ Schreiben Sie nach dem Vorbild von Micha weitere klimaktische Schreibreihen, die sich aus dem Text ergeben oder ergänzen Sie die folgenden. Schaffen Sie dazu neue (auch gerne aus dem Alltag). Bspw.:

Bethlehem – Juda – Israel – Erde

Stille auf dem Feld – Gespräch der Hirten am Feuer – Ruf des Engels in der Nacht – Jauchzen und Frohlocken mit Posaunen und Trompeten

Weihnachtskugel – Tannenbaum – Nadelwald – Klimaerwärmung

> ✏ Diese kleinen Werkstücke könnten als Impuls, Vorlage für den Aufbau oder Überschriften für einzelne Predigtteile dienen.
>
> 🔎 Übertragen Sie die ausgemachte Dynamik auf die Bewegung des ganzen Gottesdienstes. Die Stichworte „Bethlehem – Juda – Israel – Erde" können dabei inspirieren oder verstärken schlicht den Aufbau Ihres (/eines klassischen) Gottesdienstes.

Textmelodien nachspüren

Satzzeichen sind zentrale Merkmale von Textschwingungen. Wenngleich ihre direkte Übertragung aus dem biblischen Text nur schwer möglich ist, bestimmen sie, wie diese Texte gesprochen und gemeint sind. Satzzeichen schaffen Melodien, vor allem aber Fakten. Ein Grund, ihnen nachzugehen.

> Gal 5,1–6 (Reformationstag/III):
>
> 💡 In diesem Textabschnitt dominieren Aussagesätze, die in den meisten Übersetzungen mit Ausrufezeichen verstärkt werden.
>
> ✏ Schreiben Sie den Text als Kochrezept oder Bedienungsanleitung um.
>
> 👥 Lesen Sie den Text jemand anderem laut und mit Fragezeichen an jedem Satzende vor, wiederholen Sie die Übung dann mit den Satzzeichen, die Sie in der Übersetzung finden. Hat sich etwas bei Ihrem Gegenüber verändert?

Sich vom Text überraschen lassen

Gerade bekannte Texte oder solche, deren Inhalt und Aussagerichtung wir vermeintlich kennen, sind für Überraschungen gut und bieten ganz neue Perspektiven. Manchmal ist es die bloße Anordnung, die aus genau dem gleichen Text etwas ganz Neues macht. (Vgl. oben das Beispiel zu Jos 2,1–21 (17. S.n.Tr./I), S. 58.)

> 🔎 Probieren Sie selbst die Wortwolke doch einmal aus! Wir schlagen dafür Joh 16,23b–28(29–32)33 (Rogate/I) vor. Nehmen Sie ruhig V.16–23a auch noch mit dazu. Doch bevor Sie anfangen: Notieren Sie Ihre Phantasie dazu,

welche Worte wohl besonders groß sein werden. Überrascht Sie das Ergebnis, nachdem Sie die Wortwolke erstellt haben? Warum?

🖊 Schreiben Sie den Text mit besonderem Fokus auf die prominentesten und „größten" Reflexivpronomen um – sie sollten nun in jedem Satz vorkommen. Wie liest sich Ihr Text und was meinen Sie: Könnte der Bibeltext vielleicht auch so gemeint gewesen sein?

An Leerstellen weiterarbeiten

Besonders die Erzähltextanalyse von biblischen Texten legt oft signifikante Leerstellen in den Texten offen: Dinge, die nicht erzählt werden und damit ein wahres Biotop der Vorstellungskraft und zum Theologisieren sind. So wurden solche Leerstellen häufig zum Ausgangspunkt neuer Schriften, rabbinischer und kirchenväterlicher Auslegung. Predigten, die sich den Leerstellen widmen, stehen also in einer langen Tradition. Für Predigende bieten sich zwei Umgangsarten mit diesen an:

- Füllen Sie die Leerstelle. Achten Sie in diesem Fall aber darauf, zu markieren, dass es sich jeweils um eine Weiterentwicklung des biblischen Stoffes handelt und die Erzählung selbst sich nicht im biblischen Kanon befindet. Es geht nicht um „wilde Einbrüche pastoraler Phantasie"[18] oder darum, Spannungen aufzulösen, sondern um ein Weitererzählen im Sinne des jüdischen Midrasch, ein Weitererzählen, das sich aus dem Raum der Schrift selbst speist.
- Halten Sie an der Leerstelle inne und gestalten Sie diese bewusst als Leerstelle. Das kann ganz unterschiedlich geschehen.

Probieren Sie beides einmal aus:

Mk 8,31–38 (Estomihi/IV):

💡 Der Perikopenzuschnitt macht die eklatante Leerstelle nach V. 33 deutlich, indem Jesus direkt von seiner Abfuhr an Petrus zu einer Unterweisung der Volksmengen übergeht. Was auf sprachlicher Ebene die harsche Abfuhr Jesu

---

18 Vgl. Martin Nicol/Alexander Deeg, *Im Wechselschritt zur Kanzel. Praxisbuch Dramaturgische Homiletik*, Göttingen ²2013, 34.

unterstreicht, lässt auf der anderen Seite nach der Reaktion von Petrus und den übrigen Jüngern fragen.

✏ Entwerfen Sie eine kurze Sequenz, in der Sie eine mögliche Reaktion des Petrus beschreiben. Oder: Suchen Sie zwölf biblische Sätze heraus – für die Reaktion eines jeden Jüngers einen.

✏ Halten Sie an der Leerstelle inne, indem Sie den Versanfang von V. 34 aufschreiben und von ihm aus weiterschreiben, z.B. „Dann rief Jesus die ganze Menschenmenge hinzu, denn/nicht/obwohl …"

1. Kön 10,1–13 (Epiphanias/VI):

❓ Eigenwillig steht die Erzählung von der Offenbarung der Herrlichkeit Salomos gegenüber der Königin von Saba zwischen den übrigen liturgischen Texten, die die Herrlichkeit Gottes thematisieren. Das Staunen der Königin nimmt den Großteil der Perikope ein, das, worüber sie staunt, besonders, was sie an Salomos Weisheit entdeckt, bleibt eigentümlich blass.

✏ Füllen Sie die Lücke! Welche „Rätselfragen" (V. 1) stellt die Königin Salomo? Welche Antworten oder welcher Gesprächsverlauf ist vorstellbar, sodass Salomos Herrlichkeit Gottes Herrlichkeit spiegelt?

Sich verlocken lassen, mit der Sprache zu spielen

Das Finden der schönsten Stilmittel im Text bleibt geheimes Expert:innenwissen, wenn es nicht in die Predigt über-ge-setzt wird. Die biblischen Texte fordern uns mit ihrer Poetik heraus, selbst sprachschöpferisch zu werden.

Jes 25,6–9 (Ostermontag/I):

❓ Der Text arbeitet mit dem Wortfeld des Essens. In V. 6 wird das Mahl durch zahlreiche Assonanzen (מִשְׁתֵּה שְׁמָנִים מְמֻחָיִם שְׁמָרִים שְׁמָנִים מִשְׁתֵּה שְׁמָרִים „šəmānîm məmuḥāyim šəmārîm mištēh šəmānîm mištēh šəmārîm") als ein über die Maßen üppiges geschildert. Zugleich wird davon gesprochen, dass JHWH sowohl die Verhüllung von den Gesichtern der Völker verschlingt (וּבִלַּע) (V. 7), sich ihnen also offenbart, wie auch den Tod (בִּלַּע) (V. 8).

✏ Sammeln Sie nun auch deutsche Worte aus dem Bereich Essen/Festmahl, die einander im Klang ähnlich sind (Assonanzen), z.B. saftig-dampfend, oder Worte, die durch ihren Klang das nachahmen, was sie bezeichnen (Onomatopoetika), z.B. schmatzen. Schreiben Sie damit eine kurze Sequenz über das in V. 6 geschilderte endzeitliche Mahl. Gehen Sie von dieser Szenenbeschreibung nun weiter zur Beseitigung des Todes und der Nichterkenntnis. Das kann sich durchaus gewaltig anhören.

Mehrdeutigkeiten aufnehmen

Das Spiel mit Mehrdeutigkeiten ist fester Bestandteil zahlreicher biblischer Texte. Warum nicht auch der Predigt?

2. Sam 12,1–10.13–15a (11. S.n.Tr./IV):

💡 Das Gleichnis des Propheten Natan ist hintergründig und durchsichtig zugleich. Neben den großen Linien der Geschichte, die sich auf das Schicksal von Batseba und Uria übertragen lassen, ist es auch mit kleinen Hinweisen auf den eigentlichen Sachverhalt gespickt, nämlich, dass es implizit um die Beziehung zwischen Batseba, Uria und David geht. So erzählt Natan, das Schaf des armen Mannes habe in seinem Schoß geschlafen und es sei für ihn wie eine Tochter (hebr. בת/*bat*) gewesen – eine subtile Anspielung auf den Namen Bat-seba, die von tiefer Zuneigung zeugt und zudem auf die sexuelle Übergriffigkeit Davids hinweist.

✏️ Gerade im Bereich der Sexualität gibt es zahlreiche Wortspiele. Einige von ihnen finden sich auch im vorliegenden Bibeltext. Tragen Sie diese zusammen und formulieren Sie eine Anklageschrift gegen David, in der all diese Begriffe mindestens einmal vorkommen.

✏️ Vernaschen, nähren, anrichten, … Die Themenfelder der Nahrungsaufnahme und der Sexualität haben einige Überschneidungen, bzw. bedienen sich der Mehr- und damit auch Uneindeutigkeit dieser Begriffe. Schreiben Sie das Gleichnis neu, indem Sie den Gleichnischarakter verlassen und es eindeutig formulieren. Achten Sie darauf, dass keinerlei doppel- oder mehrdeutige Begriffe darin vorkommen.

Vom Wortfeld zum Gottesdienstthema

Besonders die Beschäftigung mit den Begriffsfeldern des Predigttextes kann Anregungen für die weitere Gottesdienstgestaltung liefern, die über die kirchenjahreszeitliche, manchmal recht blasse Verortung hinausgeht. Die Arbeit mit bestimmten Wort-/ und Begriffsfeldern im Gottesdienst bietet zudem die Möglichkeit, verschiedene Perspektiven und Stimmen zum Thema einzubauen.

> Mt 13,44–46 (9. S.n.Tr./VI):
>
> 💡 Der Text bringt das Wortfeld „Schatz/Besitz" (Schatz, kostbar, Perle, (ver-)kaufen, Kaufmann) zusammen mit dem Wortfeld der „Unverfügbarkeit" (finden, verbergen, suchen).
>
> ✏ Entwerfen Sie ein Gespräch von Kaufleuten und Bäuer:innen zum Thema. Vielleicht entwickelt sich daraus auch ein Leitgedanke für den Gottesdienst.
>
> 👥 Unterhalten Sie sich mit unterschiedlichen Leuten über die Wortfelder und wie diese zusammengehören könnten. Lassen Sie den Bibeltext dabei bewusst zunächst außen vor. Was klingt an, was bleibt hängen?

Skizzen aus der Praxis: Verarbeitung von sprachlichen Entdeckungen

Eine Predigt zu Joh 5,1–16 (19.n.Tr./I):[19] *Die Predigt nimmt die starke Präsenz der Verben der Bewegung auf und spielt mit dieser vor der Gebrochenheit, die in der Figur des Kranken und der Art der wörtlichen Rede, enthalten ist.*

> [...]
> Aufgestanden – wieder dabei. Noch sind die Beine wackelig. Aber sie tragen ihn. Ohne sich noch einmal zum Teich umzudrehen, tritt er ins Leben. Er ist gesund. Trotzdem bleibt etwas. Jede Krankheit, egal, ob Jahre lang oder nur eine Erkältung, jede Kraftlosigkeit, jede noch so kleine Einschränkung verweist. Sie verweist uns auf unsere Endlichkeit und auf Gott. Krankheit zeigt, wie verletzlich das Leben ist. Heilung kann viel bewirken, aber eins kann sie nicht – das ewige Leben geben. Das gibt es nur bei Gott. Dort können wir sein, was auf der Erde nie ganz möglich ist – ganz heil. Auch dort ist Gottes ewiges „Ja" zu unserem

---

19 Predigt von Christine Wenona Hoffmann, gehalten am 27.10.2019 in der Konkordienkirche Mannheim.

Sein. Unserem Sein, was viel mehr ist als unsere irdische Existenz. Gottes „Ja" zu uns, das weit über das Leben hinausgeht. Bis dahin bleiben wir verletzlich – bleiben wir lebendig. Bis dahin tragen wir unser Bett mit uns herum, versuchen, unser fragiles Leben auf Erden zu gestalten. Das weiß auch Jesus. Das weiß jede Ärztin und jeder Arzt. Alle, die hier sitzen und schon mehr als nur eine Erkältung im Leben hatte, wissen es auch. Am Teich von Betesda wird kein ewiges Leben verteilt. Jesus schenkt Lebenszeit. Ob viel oder wenig. Wir wissen es nicht, aber darum geht es auch gar nicht. Jesus gibt Kraft, um aufzustehen und in Beziehung zu leben. Jesus schenkt, was dem Kranken fehlt – Er schenkt, was ihm wirklich wichtig ist.
[...]

Eine Predigt zu Jes 25,6–9 (Ostermontag/I):[20] *Der Predigtabschnitt legt die Wortanalyse von bala' (verschlingen) zu Grunde und nähert sich dem biblischen Textinhalt über die inhaltliche Nähe und Abhängigkeit von bala' (verschlingen) und ba'al (Herr sein). Die in der Perikope beschriebene Überwindung des Todes durch Gott und die damit verbundene Befreiung von allen damit einhergehenden Begrenzungen wird am Festmahl und dazu parallelisierten Ostergeschichten konkretisiert. Diese Überwindung verändert auch Gottes Wesen.*

[...] Der Tod verändert Gott. Ostern verändert Gott. Gott geht mit seinem Tod und dessen Überwindung dem Tod selbst an den Kragen. Er verschlingt ihn. Kein Zufall, dass die Wörter „verschlingen" und „der Herr sein" im Hebräischen sehr ähnlich sind. Indem Gott den Tod verschlingt, wird seine Herrschaft bestätigt. Er ist der Herr, unser Gott. Herr über Himmel und Hölle, das Leben und den Tod. Der Tod ist das Einzige, was wirklich gegessen wird in der Vision von Jesaja. Die feinen Speisen bleiben unberührt. Sie werden zu einer anderen Zeit verzehrt. Gott hat die Schlüssel zum Tod und der Hölle. Der Tod und die Hölle sind verschlungen. Verschlungenes ist nicht mehr da.

---

20 Predigt von Christine Wenona Hoffmann, gehalten am 22.04.2019 in der Konkordienkirche Mannheim.

Die Collage und ihre Spielarten – Literarkritik und Redaktionsgeschichte

Alles ist Collage.
Jan Kuhlbrodt

Zerstören, neu kombinieren, weiterarbeiten. Das ist der methodische Dreiklang, der – in der (bildenden) Kunst – im Rahmen unterschiedlichster Stilrichtungen seit dem Beginn des 20. Jh. getestet und immer neu ausgereizt wird. Von Künstler:innen wurde vorgefertigtes Material verschiedener Bezugsebenen in einen neuen Zusammenhang gebracht und als Material für ihre Kompositionen verwendet. Das Zusammenfügen dieser Teile ermöglichte eine neue Wahrnehmung. Das Kunstwerk lebt von seinen Fragmenten und ist doch mehr als eine Aneinanderreihung von unterschiedlichem Material. Von der bildenden Kunst aus hat die Collage (von frz. *coller*, „kleben") ihren Siegeszug auch in alle anderen Künste (Musik, Film, Theater) angetreten. Bleibt man bei der bildenden Kunst, hat sie hier unterschiedliche Ausprägungen erhalten: Da gibt es die *Décollage* (das Abreißen von Oberflächen, beispielsweise bei Plakaten, um die darunter liegenden Schichten sichtbar zu machen) oder das *Combinepainting* (Übermalen und Weitermalen vorhandener Frag-

Abb. 5: Max Ernst, Die unbefleckte Empfängnis verfehlt, 1962

mente). All diese Techniken zeigen mehr oder minder offensiv zweierlei: Hier liegen verschiedene Schichten vor. Und: Hier wurde etwas weiterverarbeitet.

Max Ernst war einer der ersten großen Collage-Künstler. Er allerdings versuchte, sichtbare Klebestellen zu vermeiden, fotografierte seine Collagen sogar teilweise ab und übermalte sie, um somit alles möglichst original, bzw. echt wirken zu lassen. Original und Bearbeitung verschwimmen ineinander (Abb. 5).[21] Diese Art der Kunst provoziert Fragen wie: „Was ist schon ‚original'?", „Wer entscheidet das?" oder „Ist das Original wirklich so wichtig?"

Literarkritik – Worum geht's?

Diese Fragen lassen sich auch mit Blick auf die Methodenschritte der Literarkritik und Redaktionsgeschichte stellen, denn um **Bruchstellen**, **Weiterverarbeitung** und **Verbindungen** geht es auch hier. Für viele stehen diese beiden Methodenschritte stellvertretend für das, was wissenschaftliches Arbeiten mit biblischen Texten auszeichnet. Ihr Ruf ist dabei nicht der beste. Als überflüssige und künstliche Zerstückelung von Textkunstwerken, die deren „Sinn" (für alle Arten der Kunst ein heikler Begriff) verstellt und die für die Gemeindearbeit obsolet ist. Für die Exeget:innen ist der Blick aber ein anderer: Texte können Collagen sein. Texte können, z. B. durch kleine Notizen und Hinzufügungen, aktualisiert und neu gedeutet werden. Und gerade darin liegt ihr großer Reiz. Darin, dass sie auf unterschiedliches Material zurückgreifen. Darin, dass man sehen kann, dass einige Teile nach anderen hinzugefügt wurden. Darin, dass sie dazu einladen, sich auf diese textgewordenen theologischen Diskussionen, ihre Brüche und ihr Geworden-Sein einzulassen. Texte können Collagen sein. Das heißt zugleich aber natürlich auch: Nicht alle Texte sind Collagen; nicht alle Texte sind in mehreren Schüben entstanden – das weiß auch die wissenschaftliche Auslegung. Sie hat

---

21   Abb. 5 aus: Max Ernst, *La femme 100 têtes*, Berlin 1962.

aber – und das mag für manche irritierend sein – ein besonderes Interesse an den Brüchen, den Rissen, den Überlappungen oder Fortzeichnungen. Weil sie dort eine faszinierende Dynamik entdeckt, weil hier – vielleicht etwas poetisch ausgedrückt – sichtbar wird: die Texte atmen. Sie sind lebendig und oft ein ganz eigenes Gespräch in sich selbst. Wie auch in der Kunst ist bei Projekten, an denen mehrere arbeiten, das kreative Störpotential hoch – und das ist kein Nachteil. Dies gilt in besonderem Maße für alttestamentliche Texte, da sie als Traditionsliteratur über einen deutlich längeren Zeitraum hinweg entstanden sind und ergänzt wurden als neutestamentliche.

✍ **Die Literarkritik untersucht, ob bei der Entstehung eines Textes auf unterschiedliches Textmaterial zurückgegriffen und dieses kreativ zusammengestellt und/oder der Text an einzelnen Punkten weitergedacht und fortgeschrieben wurde.**

Das Interesse an den Schnittstellen, am Bruchstückhaften teilt die Exegese mit zahlreichen Ansätzen der Praktischen Theologie. Das gilt nicht nur für die besondere Beschäftigung mit Kasualien als (ursprünglichen) Übergängen des Lebens. So ist in der Seelsorge das Leben selbst als Fragment in den Blickpunkt seelsorglicher Überlegungen getreten,[22] und schon längst wird auch in der Predigtarbeit gezielt mit Fragmenten gearbeitet.[23] Bei der Predigt handelt es sich meist um selbstgeschaffene und wohl aufeinander abgestimmte Versatzstücke. Aber auch bei der Zusammenstellung und Überarbeitung einer Collage und biblischer Texte wurde bewusst ausgewählt und gestaltet.

> Die **Dramaturgische Homiletik**, die die deutschsprachige Predigtlandschaft in den letzten Jahren wesentlich verändert und geprägt hat, spricht hier von „**Moves**", also einzelnen Predigtsequenzen, die eine je eigene innere Dynamik haben können. Diese Moves können ganz unterschiedliche

---

22 Vgl. Henning Luther, *Identität und Fragment*, in: Ders., Religion und Alltag. Bausteine zu einer praktischen Theologie des Subjekts, Stuttgart 1992.
23 Vgl. David Buttrick, *Homiletic. Moves and Structure*, Philadelphia 1987; Martin Nicol, *Einander ins Bild setzen. Dramaturgische Homiletik,* Göttingen ²2005, 108–110; Ders./Alexander Deeg, *Im Wechselschritt zur Kanzel. Praxisbuch Dramaturgische Homiletik*, Göttingen ²2013.

> Bilder und Szenen bedienen und wie im modernen Film auch mit relativ harten Brüchen nebeneinander stehen gelassen werden. Der Bruch ist hier also Gestaltungsmittel.
>
> Dennoch werden die Moves, so unterschiedlich sie auch sein mögen, von einer **„Structure"** zusammengehalten. Sie ist besonders am Anfang und Schluss sowie beim Aufbau bzw. Spannungsbogen der Predigt zu erkennen und so etwas wie das Drehbuch der Predigt.[24] Oder, um es mit Vokabeln der Exegese zu sagen: Sie ist die übergreifende Redaktion.

Redaktionsgeschichte – Worum geht's?

Die Redaktionsgeschichte wendet sich im übertragenen Sinn stärker den **großen Linien** und der **Gesamtanlage** des Kunstwerks zu: Sie betrachtet gewissermaßen die Collage und stellt Nachforschungen dazu an, aus welchen Büchern, Werbeprospekten und anderen Kunstwerken die unterschiedlichen Teile entnommen sind und welche größeren Zusammenhänge deswegen in genau diesem Bild mitschwingen könnten, ja, in es eingetragen wurden. Vor allem aber wird die Gesamtkomposition des Kunstwerks untersucht. Wie hat die Künstler:in was miteinander kombiniert? Wo hat sie selbst Hand angelegt und vorgegebene Linien weitergezeichnet? Wo wurden Teile verdeckt? Und wodurch wirkt das Ganze als neues Gesamtkunstwerk und nicht einfach als Ansammlung verschiedener Klebefetzen?

✧ Die Redaktionsgeschichte zeichnet das Wachstum eines Textes nach, zeigt Tendenzen innerhalb der Überarbeitungen auf, indem sie die unterschiedlichen Schichten in größere Zusammenhänge einordnet (Zugehörigkeit zu größeren Literaturwerken, Denkschulen, historische Einordnung). Sie versucht dadurch, den (theologischen) Profilen der Redaktion(en) auf die Spur zu kommen.

Dabei ist ebenso wie in der Kunst damit zu rechnen, dass nicht alles aus der Intention des bzw. der Urheber:in ableitbar ist, dass zum Teil auch

---

24 Vgl. hierzu Martin Nicol/Alexander Deeg, *Im Wechselschritt zur Kanzel. Praxisbuch Dramaturgische Homiletik*, Göttingen ²2013, 16.

zufällig Entstandenes einfach stehen gelassen wurde und der Text – ebenso wie das Kunstwerk – ein offener ist, der vor allem aus der Interaktion mit den Rezipient:innen lebt. Trotzdem ist die Fragerichtung der Redaktionsgeschichte deswegen nicht einfach außer Acht zu lassen. Denn sie nimmt die **biblischen Verfasser als Menschen in Beziehung** wahr und ernst. Wie die Künstler:innen eines Werkes wollen sie ihre Interessen und Anliegen, ihre Überzeugungen und ihr Verständnis der Geschichte möglichst überzeugend darstellen. Sie aktualisieren ältere Überlieferungen für ihre Gegenwart. Dabei können sie sich auch kritisch mit bisherigen Meinungen der Texte auseinandersetzen. Sie sind dabei keine Redaktoren im Sinne von bloßen Sammlern, die ihr Material neu arrangieren – wobei selbst das natürlich eine enorme inhaltliche Arbeit voraussetzt. Sie sind eigenständige Theologen, die – besonders im Alten Testament – auch Verfasser vieler neuer Texte sind.

Damit ist die Redaktionsgeschichte einem Phänomen der biblischen Texte auf der Spur, das der (textgebundenen) Predigt am ähnlichsten ist: Es geht um **Aktualisierung, Auseinandersetzung** und das lebendige **Fort-Schreiben** von dem, was Menschen zuvor von Gott erzählt haben. Redaktionsgeschichte macht auch deutlich: Eine Geschichte oder ein liturgisches Stück kann ganz unterschiedlich verstanden und rezipiert werden und in ganz verschiedenen historischen Situationen zum Stehen kommen. Sie ist ein Plädoyer für die Vielzahl theologischer Perspektiven in einem Text.

> ♀ In Phil 2,5–11 (Palmsonntag/VI) greift Paulus auf eine ihm bereits vorliegende (liturgische) Tradition zurück. Wahrscheinlich handelte es sich ursprünglich um ein Bekenntnis. Paulus verwendet dieses in seinem Schreiben nach Philippi argumentativ aber dazu, dem Handeln von Christ:innen eine neue Perspektive zu geben (Phil 1,27–2,30). Aus dem Bekenntnis wird der Teil einer Ermahnung an eine konkrete Ortsgemeinde. Durch die Sammlung, Verbreitung und schließlich Kanonisierung der paulinischen Briefe hat sich der Adressat:innenkreis zunehmend geweitet, so dass der Text heute – wiederum als liturgisches Stück mit ethischem Impetus – auch in den je eigenen Kontexten der thüringischen Dorf- oder Mannheimer Innenstadtgemeinde zum Klingen kommt.

> ✏ Entwerfen Sie drei Sequenzen zu Konfliktsituationen oder Herausforderungen aus ganz unterschiedlichen Bereichen (Alltagssituation, Grenzsituation des Lebens, berufliche Situation, Gemeinde …). Setzen Sie nun den Philipperhymnus immer wieder dazwischen, um für sich oder mit Ihrer Zuhörer:innenschaft zu erproben, wie er als Antwort, Frage oder Aufforderung in den unterschiedlichen Kontexten zum Tragen kommt.

Während die Überarbeitungsprozesse im Alten Testament vielschichtig und sehr umfangreich sind und sich die theologischen Linien eines Textes meist noch in diverse andere Bücher ausziehen lassen, präsentieren sich im Neuen Testament die Evangelien als geschlossene Literaturwerke, in denen sich auch noch Vorlage und Überarbeitung recht unproblematisch unterscheiden lassen. Auch darüber hinaus haben sich mit Blick auf die neutestamentlichen Schriften insgesamt nur wenige Teilungshypothesen gehalten oder etabliert.[25] Doch auch hier ist klar: Jeder Evangelist ist ein kreativer Theologe, der zunächst für einen bestimmten Empfänger:innenkreis geschrieben hat. Zum Teil finden wir die gleiche Erzählung fast bis zur Unkenntlichkeit verändert ein zweites oder drittes Mal wieder. Wie auch Künstler:innen verpasst jeder dieser Autoren dem zu vermittelnden Inhalt seine je eigene Signatur, verpackt seine Theologie und seine lokale, gesellschaftliche und zeitgeschichtliche Herkunft darin.

Der biblische Text zeigt uns, wie der Autor mit „seinen" Quellen umgegangen ist, was für ihn daran wichtig war und welche Aspekte er besonders verstärken wollte. Was er für seine potenzielle Leser:innenschaft relevant fand. Welche Redaktion er vorgenommen hat, an deren Ende der uns vorliegende Text steht. Besonders deutlich lassen sich redaktionsgeschichtliche Überarbeitungen anhand von biblischen Textvergleichen, im Speziellen des synoptischen Vergleichs, nachvollziehen.

---

25   Dabei wird aber im Unterschied zum Alten Testament davon ausgegangen, dass die zusammengearbeiteten Einzeltexte meist alle von ein und demselben Verfasser stammen, wie bspw. im 2. Kor von Paulus.

Redaktionsgeschichte – Worum geht's?

Probieren Sie es doch gleich mal aus und vergleichen Sie Lk 23,32–49 (Karfreitag/IV), Mt 27,33–54 (Karfreitag/VI) mit Mk 15,16–16,1!

🔎 Achten Sie darauf, wo Matthäus und Lukas über den Markustext hinausgehen. Welche Aspekte betonen sie besonders und welche lassen sie weg? Überlegen Sie, für welches Publikum die jeweiligen Berichte geschrieben sind und wie sie auf die Zielgruppen der jeweils anderen Evangelisten wirken könnten.

✏ Wählen Sie sich entweder die Lk oder die Mk-Variante, in der Sie alle Hinzufügungen oder Weglassungen gegenüber dem Mk-Text markiert haben. Spielen Sie nun mögliche Gründe für die Änderungen ein, indem Sie nun den jeweiligen Evangelisten adressieren. Formulieren Sie dafür Sätze nach folgendem Muster: „Vom ... erzählst du mir (nichts), da/weil/vielleicht ..."

z.B. (Lk): „Vom Räuber, der Jesus am Kreuz bittet, erzählst du mir, weil du gern von Menschen erzählst, die umkehren."

Synopsen, die die Texte von Mk, Lk und Mt vergleichend nebeneinander stellen gibt es in Buchform, z.B. für den deutschen Text:

📖 Stuttgarter Evangelien-Synopse, Stuttgart 2006.

Luther Evangelien Synopse, Stuttgart 2007.

Synopse der drei ersten Evangelien. Mit Beifügung der Johannes-Parallelen, Regensburg [13]2006.

Für den griechischen Text:

Synopsis Quattuor evangeliorum, Stuttgart [15]1997.

🖥 *ERF Bibleserver*

www.bibleserver.com/synoptic/LUT/2   (für LU)

www.bibleserver.com/synoptic/ELB/2   (für ELB)

Wie wird's gemacht?

Auch wenn beide Methodenschritte in exegetischen Proseminaren getrennt voneinander verhandelt werden, sind sie doch darauf angelegt, organisch ineinander zu greifen. Deswegen werden sie in ihrem Vorgehen hier auch miteinander vorgestellt.

Die Unebenheiten im Text genauer betrachten

Zunächst einmal werden im Rahmen der Literarkritik die **Schnittstellen oder Auffälligkeiten in der Textoberfläche** daraufhin untersucht, ob es sich bei den entsprechenden Stellen tatsächlich um eine „literarische Naht" handelt oder ob sich die Beobachtung eher als Stilmittel oder ähnliches erklären lässt. Erst dadurch lassen sich die einzelnen Teile der potenziellen Collage besser beschreiben. Handelt es sich um ein aufgeklebtes Fragment, das von dem:r Künstler:in durch eigene Linien fortgeführt wurde, sprich: Wurde eine literarische Vorlage durch einen späteren Bearbeiter/Redaktor eigenständig ergänzt? Wurden zwei unterschiedliche Bezugsquellen für die Collage verwendet, wurden unterschiedliche Quellentexte von einem Dritten zusammengestellt? Dies sind die Fragen, die es hier zu klären gilt. In der Literarkritik spricht man klassisch davon, dass die **kleinen Einheiten eines Textes** bestimmt und anschließend in eine **relative Chronologie** zueinander gebracht werden, also versucht wird, die Reihenfolge nachzuvollziehen, in der die einzelnen Teile dem Text bzw. dem Kunstwerk zugewachsen sind.

Mit Blick auf die Quellenlage sind grundsätzlich zwei Möglichkeiten zu unterscheiden, die ein unterschiedliches methodisches Vorgehen erfordern. Im ersten Fall ist (sind) die literarische(n) Vorlage(n), aus denen man sich bedient hat, noch vorhanden. Dies ist zwar nur selten der Fall, liegt aber im großen Stil bei der Verarbeitung von 1. Sam–2. Kön in 1./2. Chr oder im Falle der Rezeption von Mk durch Mt/Lk vor. Deutlich häufiger müssen die Vorlagen aus dem vorliegenden Text rekonstruiert werden; sowie es z.B. bei der Priesterschrift im Pentateuch oder der Logienquelle in Bezug auf Mt/Lk der Fall ist. Eine eingehende Überprüfung ist im Rahmen der Predigtvorbereitung natürlich kaum leistbar, zumal sie auf einer eingehenden Textanalyse basiert. Hinweise auf bzw. die **Bewertung von Unebenheiten im Text** lassen sich aber auch mit einem Blick in Kommentare oder entsprechende Predigtvorbereitungsliteratur einholen. Wer Entsprechendes gerade nicht zur Hand hat, kann mit einigen überschaubaren Handgriffen und Fragen auch selbst Spuren finden. Da im Alten Testament in der Regel die Vorlagen nicht mehr vorhanden sind, muss der vorliegende Text und seine Kontexte in einer Art „**Indizienverfahren**" auf Uneinheitlichkeit geprüft werden. Solche Indizien sind klassischerweise:

- *Widersprüche im Aussagegehalt oder Erzählablauf*, bspw. in Gen 2,4b-9(10-14)15(18-25) (15. S.n.Tr./II) innerhalb der Erzählung selbst, aber natürlich auch im Vergleich zu Gen 1,1-2,4.
- *Spannungen im Wortlaut* (lexikalisch-terminologisch oder grammatisch-syntaktisch), bspw. in Gen 32,23-32 (Quasimodogeniti/V).
- *Differenzen in Redeweise und Stil*, z.B. in Jos 1,1-9 (Neujahr/I).
- *Abweichender historischer Hintergrund*, bspw. Jes 40,1-11 (3. Advent/V) als Beginn von Deuterojesaja oder Jes 58,1-9a (Estomihi/III), in dem der ungetrübte Heilston von Jes 40-55 wieder gebrochen wird.
- *Spracheigentümlichkeiten*: Wie jede Predigerin haben auch die biblischen Autoren bestimmte Lieblingsvokabeln oder grammatikalische Konstruktionen, bspw. „βασιλεία τῶν οὐρανῶν/Himmelreich" als besondere Vokabel bei Mt (z.B. Mt 5,17-20 (10. S.n.Tr./IV); 8,5-13 (3. S.n.Ep./IV); 13,44-46 (9. S.n.Tr./VI); 25,1-13 (Ewigkeitssonntag/I)).
- *Bestimmte theologische Themen*: Was für Autor:innen und Künstler:innen heute gilt, galt auch vor 2000 Jahren: Lieblingsthemen, bzw. -farben lassen sich schlecht verheimlichen, bspw. der Fokus des Lukas auf den Armen und Jesu Zuwendung zu den Verachteten (Lk 2,1-20 (Christvesper/V); 16,19-31 (1. S.n.Tr./IV) oder auf die Rolle von Frauen in der Heilsgeschichte (z.B. Lk 1,26-56 (4. Advent/IV); 2,22-40 (1. S.n.d. Christfest/III); 7,36-50

(11. S.n.Tr./V); 10,38–42 (Estomihi/I); Apg 16,9–15 (Sexagesimae/I)).

Wichtig ist an dieser Stelle jedoch, dass eigene Textbeobachtungen zu Brüchen oder Unebenheiten auch ohne abschließende Klärung predigtschaffend eingeholt und aufgenommen werden können (s.u. „Die Diskussion inszenieren", S. 81). Dazu ist es aber hilfreich, wenn nicht nur die Unebenheiten in den Blick genommen werden, sondern auch die Reihenfolge, in der die einzelnen Textschichten miteinander agieren. Das heißt: Welcher eigens bestimmte Textbaustein setzt welchen schon voraus und setzt sich mit diesem auseinander? Hierzu kann folgende Differenzierung zur Position und Funktion der Texteinheiten helfen.

Zu unterscheiden sind dabei:

1. *die Kompilation* (vergleichbar mit einer klassischen Collage, die Teile aus verschiedenen Quellen miteinander kombiniert und aufklebt): Verknüpfung mehrerer (zuvor voneinander unabhängiger) Quellen ohne größere Anteile, die von der zusammenführenden Redaktion noch eigens formuliert wurden, bspw. in der Sintfluterzählung Gen 8,1–12 (4. S.v.d.Passionszeit/VI) und Gen 8,18–22; 9,12–17 (20. S.n.Tr./I). Insgesamt werden im Alten Testament mittlerweile deutlich weniger Texte diesem Entstehungsmodell zugeordnet als noch vor 30 Jahren. Im Neuen Testament könnten das Lukas- und Matthäus-Evangelium im Rahmen der Zwei-Quellen-Theorie, der zufolge sowohl Matthäus als auch Lukas bereits das Markusevangelium sowie die Spruchquelle Q vorliegen hatten, als Kompilationen verhandelt werden. Innerhalb von Einzelperikopen trifft das aber selten zu.
2. *die Bearbeitung* (quasi eine eigene Zeichnung, die bereits vorliegende Teile des Kunstwerks ergänzt): Einfügen einer in sich unselbständigen Textpassage in den Kontext, i.d.R. als redaktionelle Eigenformulierung in sehr unterschiedlichem Umfang, z.B.

    - *eine Glosse*: knappe Erläuterung eines Sachverhaltes, Ortes, etc.; häufig mit klar abweichendem zeitlichem Horizont. Diese Hinzufügungen sind für die Predigt sicher nur sehr begrenzt auszuwerten.

- *Fortschreibungen*: Erweiterung des bestehenden Textes, z.B. zur Aktualisierung oder Auslegung. Diese sind meist auf den Nahkontext beschränkt, bspw. in Jes 25,6-9 (Ostermontag/I); Joh 21,15-19 (Miserikordias/IV).
- *übergreifende Redaktionsschicht*: in einem größeren Textzusammenhang erkennbare, miteinander verbundene Einfügungen, bspw. in Jes 12,1-6 (14. S.n.Tr./IV).

⚠ In nicht wenigen Fällen liefern Perikopenzuschnitte bereits von Brüchen oder Auffälligkeiten bereinigte Texte (die differenzierte Versauswahl liefert schon auf den ersten Blick gewisse Indizien …). Einige Beispiele haben wir hier zusammengetragen:

- Gen 2,4b-9 (10-14) 15 (18-25) (15. S.n.Tr./II): Das Problem mit dem Baum des Lebens
- Ex 14,8-14.19-23.28-30a; 15,20-21 (Ostersonntag/III): Wo befinden sich die Ägypter und was passiert genau? (vgl. V. 24-27)
- Num 11,11-12.14-17.24-25 (26-30) (Pfingstsonntag/IV): Zu viele Erzählbögen in einer Erzählung

💡 Der Umgang mit derartigen Zuschnitten ist natürlich kasusabhängig. Der Ostersonntagsgottesdienst ist keine Vorlesung über priesterschriftliche und nichtpriesterschriftliche Anteile in der Meerwundererzählung. Dennoch kann ein Blick auf das, was als störend ausgelassen wurde, manchmal predigtschaffend wirken. Am Beispiel der Meerwundererzählung: Rennen die Ägypter von selbst ins Meer oder werden sie von Gott geradezu hineingeworfen? Was bedeutet diese Beobachtung für mein Verständnis von Ostern?

Die größeren Linien in den Blick bekommen

Nach der Beschreibung der einzelnen Textbestandteile wird in der Redaktionsgeschichte nach **Verbindungslinien zu anderen Texten** gesucht und nach möglichen Gründen und **theologiegeschichtlichen und historischen Kontexten („Historischer Ort")** gefragt. Wie im Rahmen einer rein wissenschaftlichen Auseinandersetzung ist deswegen auch für die Predigtpraxis der Rückgriff auf Kommentare, Einleitungsliteratur oder entsprechend ausgerichtete Predigtvorbereitungsliteratur das Mittel der Wahl.

Hier finden sich bestenfalls Verweise auf die großen Linien oder auch Informationen zu den verschiedenen (potenziellen) geschichtlichen Rahmensituationen.

> 💻 Auf der Seite der Deutschen Bibelgesellschaft sind aktuell zahlreiche Projekte im Aufbau, die exegetische Informationen schnell zugänglich machen:
>
> **Exegese für die Predigt** bietet kompakte exegetische Informationen und praktisch-theologische Reflexionen zur Weiterarbeit mit denselben für die aktuellen Perikopen:
>
> 💻 *Deutsche Bibelgesellschaft* (www.bibelwissenschaft.de/efp/)
>
> Der **Online-Bibelkommentar** ist zwar religionspädagogisch ausgerichtet, bietet aber zumindest einige diachrone Perspektiven auf die Texte und ihre Anwendung:
>
> 💻 *Deutsche Bibelgesellschaft* (www.bibelwissenschaft.de/bibelkommentar/beitraege-im-obk/)
>
> Die gängigen Bibel-Softwareprogramme (*Bibleworks, Accordance, Logos*) bieten die Möglichkeit, Kommentarpakete mitzukaufen, was sich allerdings nach wie vor recht kostspielig gestaltet. Auch hier wären institutionsgebundene Zugänge eine gute Möglichkeit für die Zukunft.
>
> 📖 Empfehlungen für Kommentare in Buchform finden Sie im Anhang unter „Literaturempfehlungen", S. 162.

Anders als die Bezeichnung „Historischer Ort" vermuten lässt, geht es hier nicht um einen auf der Karte markierbaren Ort, sondern die historische Ver-Ortung der einzelnen Stufen der Textentstehung in einer bestimmten Zeit mit den jeweiligen politischen Rahmenbedingungen, einem sozialen Umfeld, aber natürlich auch einem geographischen Raum. Es macht einen Unterschied, ob ein Text zu einer Zeit mit geregeltem Kultbetrieb und im Umfeld des Königshauses geschrieben wurde oder mit der Exilserfahrung vor Augen. Mit Blick auf das Neue Testament ist die Frage nach dem historischen Ort, also Zeitpunkt der Abfassung und intendierten Adressat:innen deutlich differenzierter möglich und wird im Rahmen der Einleitungsfragen zum entsprechenden biblischen Buch abgehandelt. Gerade innerhalb der Briefliteratur ist die Situationsgebundenheit des Schreibens oft mit Händen zu greifen. Im Alten Testament ist diese Aufgabe deutlich schwieriger und kann nur mit groben Angaben und Abgrenzungen vorgenommen werden. Hilfreich sind dabei folgende Leitfragen:

- Werden zurückliegende oder zeitgenössische Ereignisse genannt?
- Werden andere Texte vorausgesetzt?
- Geben im Text geschilderte Details Hinweise auf eine bestimmte Entstehungszeit oder die Verortung der Verfasser bzw. Adressat:innen?
- Lassen sich bestimmte geistes-, theologie- und frömmigkeitsgeschichtliche Strömungen bestimmen?
- Wie stellen sich bestimmte Entwicklungen aus Sicht der Archäologie dar?

Mit Hilfe dieser Leitfragen wird nun versucht, das Zeitfenster, in dem bestimmte Texte aller Wahrscheinlichkeit nach entstanden sind, möglichst gut einzugrenzen. Hierzu versucht man den **terminus post quem**, also den Zeitpunkt, ab dem frühestens mit der Entstehung des Textes gerechnet werden kann, und den **terminus ad quem**, also den Zeitpunkt, ab dem sicher davon ausgegangen werden kann, dass der Text vorlag, zu bestimmen.

Was wird daraus?

Die Diskussion inszenieren

Der Aufbau einer Predigt nach dem Modell „Moves & Structure" (s.o. „Literarkritik – Worum geht's?") eignet sich für viele spannungsreiche Kontexte, in denen der Predigttext steht und mit denen er ins Gespräch kommt – Vergangenheit und Gegenwart, Gegenwart und Gegenwart, Verheißung und Schweigen, Gesagtes und Geglaubtes und vieles mehr. Ist es da nicht naheliegend, auch widerstreitende und unterschiedlich profilierte Stimmen innerhalb eines biblischen Textes auf diese Art und Weise aufzunehmen? Predigt kann hier Spannung gestalten, herausarbeiten und verstärken, was durch den Perikopenzuschnitt oder einfach durch das Rezipieren im Rahmen einer Lesung an Spannung verloren geht.

> Gen 8,18–22; 9,12–17 (20. S.n Tr./I):
>
> 💡 Die Sintfluterzählung ist einer der wenigen Fälle, bei denen zwei Versionen derselben Geschichte direkt miteinander verwoben wurden. Die eklektische Auswahl des Predigttextes stellt den Schluss der nichtpriesterlichen (Np) (8,20–22) und der priesterlichen (P) (9,12–17) Sintfluterzählung zusammen. Beide setzen recht unterschiedliche Schwerpunkte in der Ausgestaltung ihres Gottesbildes. Der Np-Schluss beschreibt eine stille Übereinkunft zwischen Noah und JHWH: der durchweg stumme Noah opfert und Gott antwortet auf diese Initiative nur in seinem Herzen. In der Priesterschrift hingegen ist der von Gott gestiftete Bund umso wortreicher. Der priesterschriftliche Schluss überführt den Beschluss Gottes ins Sichtbare und Dauerhafte.
>
> ✏ Entwickeln Sie zwei kurze Predigtsequenzen, die die unterschiedlichen Dynamiken am Schluss der zwei Sintfluterzählungen aufgreifen. Hierzu können Sie eine verstärkende Nacherzählung des biblischen Textes entwerfen oder die Themen „stille Übereinkunft mit Gott" und „wortreicher Beschluss" in gegenwärtige Szenarien übertragen.

Daneben eignen sich Zugänge, die die unterschiedlichen Textstimmen personalisieren: Erzählen Sie bspw. in der Predigt aus der Perspektive der Verfasser, die über ihre Anliegen und Beweggründe, den biblischen Text zu verfassen erzählen oder sich gerade in dem Prozess des Schreibens des biblischen Textes befinden. Dies kann auch in Form eines inneren Monologs erfolgen. Gerade die redaktionsgeschichtliche Perspektive, dass wir es bei vielen Texten mit einer „eingefrorenen theologischen Diskussion" zu tun haben, bietet aber auch anregende Ausgangspunkte für Dialog- oder Trialogpredigten. Die dialogische Predigt eignet sich besonders gut für Texte, die im synoptischen Vergleich vorliegen.

> 👥 Dialog- oder gar Trialogpredigten sind eine spannende, aber auch sehr anspruchsvolle Kunstform, die viel Vorarbeit und gemeinsame Absprachen benötigt. Zugleich bedarf es innerhalb des Gesprächs auch eines gewissen

Spielraums, damit sich der Zauber eines wirklichen Dialogs entfalten kann. Insgesamt empfiehlt sich daher weniger eine komplett vorgeskriptete Predigt, sondern vielmehr eine Orientierung am Improvisationstheater.

📖 Tom Alinsky/Debora Frances-Whithe, The Improv Handbook. The Ultimate Guide to Improvising in Comedy, Theatre, and Beyond. Foreword by Mike McShane, London/New York ²2017.

Albert Dexelmann/Michaela Kassis, Dialogpredigten. Anstiftungen, Erfahrungen, Modelle, Stuttgart 2015.

Selbst redaktionell tätig sein

An dieser Stelle greifen wir zunächst auf den klassischen Begriff des „Redaktors" zurück, als jemandem, der vorliegende Texte miteinander kombiniert und arrangiert (für ein aktualisiertes Verständnis s.u. „Die Diskussion weiterführen"). Wer jemals meinte, eine solche Arbeit wäre geistlos und nicht schöpferisch, hat sich wohl niemals an einer solchen Aufgabe versucht. Die Auswahl und Zusammenstellung verschiedener Texte erfordern Fingerspitzengefühl, Kenntnis der Einzeltexte und einen Blick für das Ganze. Versuchen Sie sich selbst an dieser Aufgabe:

Kombinieren Sie Ihren Bibeltext mit anderen bereits vorliegenden Texten. Entscheiden Sie über das Arrangement: Wollen Sie zwei parallele Fäden spinnen, die beide noch erkennbar bleiben oder die Quellen so stark miteinander verweben, dass ein detailreiches neues Textgebilde entsteht? Geben Sie einer Stimme den Vorzug? Wie können Sie das erreichen und trotzdem die andere Stimme zu Gehör bringen?

✏️ Werden Sie selbst handwerklich tätig. Drucken Sie sich Ihren Predigttext aus. Zerschneiden Sie, arrangieren Sie neu, kombinieren Sie mit anderen Texten, schreiben Sie weiter.

Hier drei konkrete Anregungen:

- Joh 21,15–19 (Miserikordias/IV) und der Weltbestseller „Weißt du eigentlich, wie lieb ich dich hab?" von Sam McBratney/Anita Jeram
- Ez 2,1–5(6–7)8–10; 3,1–3 (Sexagesimae/II) und Wolf Biermanns Lied „Ermutigung" (Strophe 1+3)

> Du, lass dich nicht verhärten
> In dieser harten Zeit
> Die allzu hart sind, brechen
> Die allzu spitz sind, stechen
> Und brechen ab sogleich
> Und brechen ab sogleich
>
> Du, lass dich nicht erschrecken
> In dieser Schreckenszeit
> Das woll'n sie doch bezwecken
> Dass wir die Waffen strecken
> Schon vor dem großen Streit
> Schon vor dem großen Streit

Mitunter ist dieses Verfahren auch eine gute Möglichkeit, den aktuellen Predigttext mit anderen Lesungstexten des Sonntags zu kompilieren:

- Lk 16,19–31 (1. S.n.Tr./IV) mit der dazugehörigen alttestamentlichen Lesung Jer 23,16–29 (1. S.n.Tr./VI)
- Jes 12,1–6 (14. S.n.Tr./IV) mit der dazugehörigen Epistellesung 1. Thess 5,14–24 (14. S.n.Tr./III)

Die Diskussion weiterführen

Ein weiterer Aspekt, wie Sie die im Text angelegte Diskussion aufnehmen können, wird in vielen Predigten schon qua Gattung realisiert: Sie können sich mit Ihrer eigenen theologischen Kompetenz einschalten und die Frage mitdiskutieren. Auch hier sind Sie „Redaktor:in", da biblische Redaktoren nicht nur vorliegende Texte zusammengestellt, sondern auch selbst Texte verfasst haben. Häufig tun Predigten das bereits automatisch, da sie eine Art schriftlich-mündliche Fortschreibung sind, die zwar nicht mehr in den biblischen Text selbst Eingang findet, aber neben ihn tritt. Sie reagieren und interagieren mit dem vorliegenden Text und aktualisieren die theologische Debatte. Nun ist es aber auch möglich, die eigene Einschaltung und Auseinandersetzung stärker zu markieren.

> ♥ Probieren Sie folgende Formulierungen aus:
> - „Auch ich würde mich in diese Diskussion gern einklinken: …"
> - „… – schreibt/ergänzt XY. Ich ergänze: …"

- „Darauf könnte man auch anders reagieren: ..."

✏ Suchen Sie nun noch mindestens zwei weitere Formulierungen, mit denen sie explizit in die im Bibeltext angelegte Diskussion einsteigen.

Die langen Linien nachzeichnen

Die Redaktionsgeschichte ist die Perspektive der langen Linien. Die Perikope tritt aus ihrer Einzelexistenz heraus und fügt sich in ein größeres theologisches Anliegen. Das tut sie natürlich grundsätzlich schon durch ihren liturgischen Ort, an dem verschiedenste biblische Texte (Psalm, atl. Lesung, Evangelium, Epistel, Predigttext) in einen gemeinsamen Klangraum gesetzt werden. Doch während dieser Klangraum meist kirchenjahreszeitlich geprägt ist, ließen sich durch alternative Lesungstexte andere thematische Schwerpunkte markieren.

Nutzen Sie die großen Bögen, die die biblischen Redaktoren geschlagen haben, für die eigene Gottesdienst- und Predigtgestaltung. Ein Beispiel:

♀ Jos 1,1-9 (Neujahr/I) eröffnet einen neuen Kanonteil im Alten Testament: Im Aufbau der hebräischen Tradition den der vorderen Propheten, in den Bibeln reformatorischer Tradition den der Geschichtsbücher. V. 7-8 tragen hier in das eher militärische Szenario das Bild von Josua als einem fleißigen Leser der Tora ein. Diese nachträgliche Umakzentuierung verknüpft den Text mit weiteren Eröffnungs- und Schlusstexten im hebräischen Kanonaufbau (Ps 1; Mal 3,22-24), die den Kanon so insgesamt mit einer Toraperspektive rahmen. Warum nicht einmal aus diesen die übrigen Lesungen auswählen?

Ein zweites Beispiel:
♀ An Karfreitag wird zur Sterbestunde meist eine Auswahl von Texten aus Joh gelesen. Wie wäre es, stattdessen der Konzeption eines anderen Evangeliums nachzugehen? Gerade das Mk-Evangelium hat eine ausgebaute Kreuzestheologie: Zu seinen Lebzeiten bleibt den meisten ein Rätsel, wer Jesus eigentlich ist (z.B. Mk 4,40f; 8,17-21; 9,10), erst am Kreuz als wird er als Sohn Gottes erkennbar (Mk 1,9-11; 9,2-8; 15,39). Die Kreuzesperspektive durchzieht das Evangelium von Anfang an (Mk 3,1-6; 8,31-33; 9,30-32; 10,32-34).

✏ Wählen Sie für den Karfreitag Texte aus, die Sie für den großen Bogen unerlässlich halten und stellen Sie diese der Passionsgeschichte voran. Gestalten Sie daraus einen Gottesdienst zur Sterbestunde.

Den historischen Ort entwerfen

Predigten, die historische Fragestellungen in Form der historischen Illustration aufnehmen, sind nicht selten. Das könnte ein Indiz dafür sein, dass sich diese Form der Thematisierung für den Predigtalltag als praktikabel erwiesen hat. Dennoch stellt sich dabei die Frage nach dem Mehrwert dieses Schritts. Was gewinne ich, wenn sich vor dem inneren Auge der Hörer:innen meiner Predigt ein Historienfilm abspielt mit den immer gleich aussehenden römischen Hauptmännern? Wenn sie hören, dass die Israeliten im Exil in Babylon saßen und weinten? Klischeehaftes ist hier auf jeden Fall nicht zuträglich. Wenn überhaupt, dann gewinnt eine Predigt durch diesen Ansatz, wenn sie die Vielschichtigkeit „der" Vergangenheit zur Sprache bringt, also versucht, unterschiedliche Perspektiven einzunehmen, und konkret formuliert. Hierbei kann es zuträglich sein, sich alternative Bewertungen derselben geschichtlichen Rahmenbedingungen und Ereignisse innerhalb der Bibel oder anderer zeitgenössischer Quellen vor Augen zu führen.

💡 Ps 46,1–12 (Reformationstag/IV) ist aller Wahrscheinlichkeit nach ein historischer Reflex auf die abgebrochene assyrische Belagerung Jerusalems im Jahr 701 v. Chr., der dieses Geschehen mit triumphalem Unterton als Bewahrung Gottes interpretiert. Ganz anders wird die Situation im Prophetenwort Jes 1,7–9 dargestellt: Ja, Jerusalem wurde nicht erobert, dafür aber fast ganz Juda.

✏ Formulieren Sie je eine Sequenz, die die ambivalente Situation um 701 v.Chr. greifbar werden lässt. Gehen Sie nun auf Spurensuche nach anderen ambivalenten Situationen: propriumsbezogen in der Reformationszeit (z.B. die Bauernkriege ...) und in der Gegenwart.

Lohnend ist die Einbeziehung des historischen Ortes oft gerade dort, wo allzu „glatte" Bibeltexte aufgebrochen werden.

> 2. Kor 1,3–7 (Lätare/IV): Trost im Angesicht des Streits
>
> Auch wenn die Rekonstruktion der Geschichte der Korrespondenz zwischen Paulus und der Gemeinde in Korinth in der Forschung umstritten ist, wird beim Lesen des 2. Kor deutlich, dass es Spannungen zwischen Paulus und der Gemeinde gab. Aufgrund verschiedener Textbeobachtungen gehen einige davon aus, dass im 2. Kor mehrere Paulusbriefe zusammengestellt wurden. Diesem Kompilationsmodell zufolge ist 2. Kor 1,3–7 Teil des sog. „Versöhnungsbriefs" (1,1–2,13; 7,5–16), also die Eröffnung des Schreibens, nachdem sich die Wogen geglättet haben.
>
> ✒ Entwerfen Sie zwei Elfchen (1, 2, 3, 4, 1 Wort/Wörter pro Zeile): eines zum Thema „Trost" und eines zum Thema „Trost nach dem Streit"

Die heikle Sache mit den Verfassern

Von und über die Verfasser biblischer Texte zu sprechen, ist heikel. Sowohl aus wissenschaftlicher Perspektive wie auch in puncto Predigt. Denn es ist insgesamt sehr fraglich geworden, ob es tatsächlich angemessen ist, von so etwas wie einer „Verfasserintention" zu sprechen.[26] Texte gehen nicht in dem auf, was sich Einzelne bei der Abfassung gedacht haben. Sie sind offen und lebendig in ihrem Dialog mit Lesenden. Auch in Predigten kann diese Anfrage bestehen bleiben und reflektiert auf den Text als emanzipierte Größe zurückgegriffen werden. Dennoch scheint gerade die kirchliche Tradition das Reden von den Verfasser:innen weiterhin zu befördern. Sei es, weil viele biblische Texte ihre „Anderszeitlichkeit" zu erkennen geben und damit oft eine Beschäftigung mit der Welt und den Umständen der Abfassung provozieren, sei es, weil wir innerkirchlich so gern mit Identifikationsfiguren – oder vielleicht sollte man lieber sagen: hochgestochenen Vorbildcharakteren – arbeiten. Abgesehen von der Frage nach dem tatsächlichen Identifikationspotential solcher Verfasserfiguren ist die Umsetzung dieses Aspekts in der Predigt aber gerade angesichts des Charakters der alttestamentlichen Bücher als

---

26 Hendrik Stoppel, *Intentio auctoris – Systematische und philosophische Überlegungen zu einer ahistorischen Kategorie*, in Joachim J. Krause u.a. (Hg.), Eigensinn und Entstehung der Hebräischen Bibel (FS E. Blum), Tübingen 2020, 571–588.

Traditionsliteratur und dem vor allem für neutestamentliche Texte diskutierten Aspekt der Pseudepigraphie (also dem in der Antike verbreiteten Phänomen, dass ein Text bewusst im Namen einer bekannten Persönlichkeit abgefasst) nicht eben einfach. Welche Möglichkeiten gibt es, diese Herausforderung umzusetzen?

Eine erste **Option** ist es, **die Verfasserfrage nicht zu thematisieren** – am besten aus Überzeugung und nicht aus Verlegenheit. Doch Achtung: Die Frage nach den Verfassern kommt nicht erst bei der Formulierung der Predigt auf, sondern bereits bei der Hinleitung zu den Lesungstexten! Ein entscheidender Vorteil dieser ersten Variante ist es, dass die Aufmerksamkeit nicht von der Grunddynamik oder dem Thema der Predigt hin auf Fragen nach möglichen Verfassern oder bibelwissenschaftlichem Grundwissen gelenkt wird. Umgekehrt könnte man auch zugespitzt formulieren: Wenn die Verfasserfrage in der Predigt aufgegriffen wird, ist es sinnvoll, **wenn sie zur Grunddynamik derselben gehört.**

Warum es sich aber doch lohnen könnte, auch in der Predigt stärker auf die vielschichtige Entstehung biblischer Texte zu sprechen zu kommen, hat mehrere gewichtige Gründe. Theologischen Redlichkeit, der nicht zu unterschätzende katechetische Zug von Verkündigung, aber vor allem eine Grundeinsicht der neueren Bibelwissenschaft: Der Großteil der biblischen Schriften stammt nicht aus der Feder einzelner, besonders begabter Auserwählter, sondern sind ein über die Zeit entstandenes Gemeinschaftswerk. **Weg von den religiösen Einzelgenies hin zur Auslegungsgemeinschaft!** Wir meinen: Auch diese Perspektive sollte Gemeinden eröffnet werden. Wir sind gemeinsam Gesprächspartner einer Heiligen Schrift, die mit sich selbst im Gespräch ist und kontrovers streitet.

> Auch bei der Predigterstellung ist das geistliche Einzelgängertum der Pfarrer:innen in vielen Bereichen schon einem gemeinsamen Schreib- und Diskussionsprozess, bspw. in thematischen Gruppen in den sozialen Medien, gewichen.
> Gemeinde kam und kommt in diesem Prozess klassischerweise in Hauskreisen, in Predigtvorbereitungskreisen oder Predigtnachgesprächen ihre Beteiligung zu.

🖉 Doch wie wäre es, das Stichwort Fortschreibung auch in einem Gottesdienst ganz praktisch umzusetzen, wenn es der Predigttext besonders nahelegt und auch das gemeinschaftliche Auslegen vorher in einem Impuls aufgenommen wurde? Besonders gut eignen sich hierfür prophetische Texte, da ihr Sprachstil additiv ist, oder Perikopen aus der Briefliteratur.

💻 Eine besondere Bereicherung für diesen Methodenschritt sind zunehmende digitale Gottesdienstformate. In digitalen Gottesdiensten wird Beteiligung aller Anwesenden noch einmal wesentlich unkomplizierter und niedrigschwelliger realisierbar. Hier einige Ideen:

Die Chatfunktion der meisten Videokonferenzprogramme ist ein gutes Tool, um Teile der Predigt bzw. den Bibeltext gemeinsam innerhalb des Gottesdienstes zu schreiben bzw. fortzuschreiben.

Hilfreich ist es, dafür eine sehr präzise Schreibregel vorzugeben, die sich ableitet von dem, was vorher oder hinterher in der Predigt/im Bibeltext sprachlich angelegt ist. Auf diese Weise entsteht kollaborativ ein Text, ein Predigtmove, eine Sequenz.

Dieser Text kann dann von zwei oder drei Stimmen im Wechsel sofort oder an einer anderen Stelle der Predigt (etwa als Schlussmove) vorgelesen und so zum Teil der Verkündigung werden.[27]

Mögliche Ansätze sind hier:

- einen Halbsatz aus dem Bibeltext auswählen, der ergänzt werden soll
- eine Liste oder Aufzählung aus dem Text ergänzen lassen
- Adjektive sammeln lassen und anschließend ein zentrales Wort bzw. Adjektiv des Textes durch diese ergänzen oder ersetzen
- konkret um eine sprachliche/theologische Variation eines bestimmten Bibelverses bitten

🖉 Ex 34,4–10 (19. S.n.Tr./VI): In V. 6 findet sich die sogenannte „Gnadenformel", die kurz, aber zentral formuliert, wie Gott geglaubt wird. Lassen Sie Beispiele für die Eigenschaft „geduldig/langsam zum Zorn" zusammentragen. Geben Sie als Satzanfang „Geduldig ist ..." vor. Ähnlich können Sie natürlich

---

27 Angelehnt an die Ideensammlung zu Zoom-Gottesdiensten von Birgit Mattausch, zu finden unter https://www.michaeliskloster.de/in-zeiten-von-corona/material-zoom-gottesdienste (09.01.2022). Hier finden sich auch zahlreiche andere Gestaltungsideen für verschiedene Gottesdienstelemente.

auch mit den anderen Eigenschaften der Formel (gnädig, barmherzig, gütig) verfahren.

1.Thess 5,14–24 (14. S.n.Tr./III): Hier handelt es sich um eine klassische Paränese, also einer allgemein gehaltenen Sammlung von Handlungsempfehlungen für die Gemeinde. Beim Hören und Lesen dieser Listen geht vieles oft unter und die Gattung ruft durch ihren direktiven Ton bei heutigen Hörer:innen tendenziell Ablehnung hervor. Ermöglichen Sie daher eine Form der Umformulierung oder Aneignung durch Satzanfänge wie „Ich will …" (individuell) oder „Lasst uns …" (kollektiv).

Möglich und praktikabel ist ebenfalls, die Verfasserfrage durch eine unpersönliche Umschreibung, wie „der Prophet", „der Apostel", „der Mensch, der vor vielen tausend Jahren diese Worte aufgeschrieben hat …", „einer, der Lukas genannt wird …", „ein Späterer", „die verschiedenen Stimmen, die die Tradition unter dem Namen des Propheten ‚Micha' gebündelt hat …" usw., zu markieren, aber nicht auszuführen. Auch hier gilt es jedoch, sich die Frage zu stellen, wie sehr die entsprechende Formulierung die Aufmerksamkeit der Hörer:innen binden könnte.

♡ Vielleicht haben Sie schon lange die für Sie passende Formulierung gefunden. Vielleicht stolpern Sie immer wieder über die Frage, wie Sie nun von den Verfassern reden sollen. So oder so: Erproben Sie die unterschiedlichen Varianten anhand von Jes 43,14–21 (Jubilate/V) oder 2. Petr 1,16–19(20–21) (letzter S.n.Ep./III) für sich.

✒ Notieren Sie eigene Formulierungsideen!

Skizzen aus der Praxis: Verarbeitung von literarkritischen und redaktionsgeschichtlichen Entdeckungen

Eine Predigt zu Lk 21,25–33 (2. Advent/II):[28] Die Predigt nimmt den historischen Ort des Lk. Evangeliums auf. Er wird zum Haftpunkt des Gespräches mit dem Predigttext, dessen Aufforderung „Erhebt eure Häupter ...", die auch den Wochenspruch der 3. Adventswoche stellt, mit „Kopf hoch" übersetzt. Eingangs werden zur Abfassung der Predigt relevante Negativschlagzeilen aufgeführt, welche mit der Abfassungssituation zusammengestellt werden.

> [...] Auch in der Zeit, in der Lukas sein Evangelium schreibt, kommt diese Frage immer wieder hoch. Eine Unruhe jagte die nächste, wächst sich zum Guerilliakrieg aus und das Unfassbare geschieht: Der Tempel von Jerusalem wird von den Römern dem Erdboden gleichgemacht. [...] Man hatte erwartet, dass Gott so etwas nicht mit sich machen lässt und das Ende der Welt nahe ist. Doch es geschieht nichts. Und so warnt Jesus im Lukasevangelium: „Seht zu, lasst euch nicht verführen. Denn viele werden kommen unter meinem Namen und sagen: Ich bin's, und: Die Zeit ist herbeigekommen. – Lauft ihnen nicht nach." Mit Jesus warnt Lukas gewissermaßen vor Fake-News und Panikmache. [...]
> Lukas will weg von den Gefühlen, hin zu einer Haltung. Und diese Haltung heißt: Kopf hoch. „Kopf hoch" – das klingt ein bisschen nach hilflosem Trost für unglücklich Verliebte oder niedergeschlagene Kinder – das sagt man halt so, wenn einem nichts Besseres einfällt. Kopf hoch, Brust raus – das klingt für mich auch nach Großmutterratschlag. (Die modernere Version davon heißt: hinfallen, aufstehen, Krönchen richten, weiterlaufen.) Doch manchmal, manchmal kann man diesen Großmutterratschlag stehen lassen: dann nämlich, wenn man weiß, dass dieses Kopf-hoch von jemandem kommt, der selbst schon einmal in derselben Situation war. [...]
> Wenn jemand weiß, wo von er da redet, wenn jemand nicht nur eine Floskel benutzt, kann ich dieses Kopf-hoch auch hören. Und vielleicht lasse ich mir deswegen dieses Kopf-hoch des Lukas gefallen: weil ich

---

28 Predigt von Ann-Kathrin Knittel, gehalten am 08.12.2019 in der Michaelskirche Eberbach.

beim Lesen spüre, dass auch Lukas allen Grund hat, auf eine grundlegende Veränderung zu hoffen. Und weil Lukas nicht einfach sagt: Kopf hoch ... es wird schon alles wieder gut. [...]

Eine Predigt zu Jes 40,1-11 (3. Advent/V):[29] Sie nutzt die redaktionelle Klammer um das Deuterojesaja-Buch, in der das Motiv des Trostes zentral platziert ist. Sie greift in ihrem Verlauf die texteigene Dynamik auf, die sich dadurch auszeichnet, dass durch Gott Aufforderungen an unterschiedliche Adressaten erfolgen und somit die Frage nach der Zuständigkeit des Trostes aufgeworfen wird. Abgedruckt sind Anfang und Schluss der Predigt.

> Manches muss man doppelt sagen. Weil man gar nicht anders kann. „Helft ihr, so helft ihr doch!" „Tröstet, los tröstet sie doch endlich jemand! Ich kann es ja gar nicht mit ansehen." Vielleicht ruft Gott so. Flehentlich. Eindringlich. Denn geflüstert wird in diesem Text nicht. Es ruft aus allen Ecken und Enden. Das ist doch nicht der Ton des Trostes. Trösten, das geht nur sachte, denke ich mir. Eher so: „Na los, tröste sie mal, ja tröste sie." Ermutigend wie bei einem kleinen Kind, dem man auch oft alles doppelt sagt. Manches muss man doppelt sagen. Weil da jemand noch etwas Mut sammeln muss. „Na los ... Geh ruhig, geh!" Wie eine Mutter ihr Kind ermutigt, ein paar Schritte in Richtung der anderen Kinder zu wagen. Ja, auch zum Trösten braucht es Mut. Denn es ist nicht so einfach. Manchmal vielleicht die schwierigste Aufgabe von allen.
>
> [...]
>
> *Zion, du Freudenbotin, steig auf einen hohen Berg;*
> *Jerusalem, du Freudenbotin, erhebe deine Stimme mit Macht;*
> *erhebe sie und fürchte dich nicht!*
> *Sage den Städten Judas:*
> *Siehe, da ist euer Gott.*
>
> „Na, das ist ja wohl ein offensichtliches Ablenkungsmanöver", denke ich mir. So, wie wenn ich meiner weinenden Tochter sage „Schau mal,

---

29 Predigt von Ann-Kathrin Knittel, gehalten am 11.12.2022 in der Paul-Gerhardt-Kirche in Weinheim-Sulzbach.

da drüben leuchtet der Weihnachtsstern." Ein Ablenkungsmanöver, das aber oft genug funktioniert. Und Ablenkung ist manchmal nicht der schlechteste Trost – das habe ich gelernt. Wenn der Schmerz doch zu groß für Ablenkung ist, dann bleibt ein „Ich bin da" und eine lange Zeit im Arm. Für kleine und für erwachsene Kinder.

Ich durchschaue, was du da tust Gott. Aber das ist Ok. Ich will mich nämlich trösten lassen und kann es gut hören, wenn du sagst „Ich will euch trösten, wie einen seine Mutter tröstet." (Jes 66,13)

Die Gemäldebeschriftung – Traditionsgeschichte

*Die Tradition ist ein mächtiger Hebel auch in der Kunst,
sie ist dort fast so wichtig, wie die Erblichkeit in der Natur.*
Theodor Billroth

Worum geht's?

Abb. 6: Sandro Botticelli, Primavera, um 1482/1487

Botticellis Primavera – eines der berühmtesten Bilder der Renaissance. Auf über zwei mal drei Metern tanzen uns kaum verhüllte Gestalten entgegen. Sie blicken uns an und sind doch ganz mit sich und ihrer Welt beschäftigt. Das Bild ist voller Anspielungen auf die politische Situation zur Zeit seiner Entstehung, die für uns so schillernd bleiben wie die Chiffon-ähnlichen Kleidchen. Ein Hauch von Nichts und doch sind die Konturen und Figuren dahinter mehr als nur erahnbar. Die Figuren spielen und tanzen in ihrer Zeit, symbolisieren, stellen verschlüsselt dar.

Die Primavera verkündet ein paradiesisches Florenz, allerdings nicht unter der Führung der Medici-Hauptlinie, sondern der Vettern des Lorenzo de' Medici. Die drei Lorbeerbäume (= Lorenzo) am rechten Bildrand beugen sich wie ein Baldachin über sie und rahmen gleichzeitig das ganze Bild. Die Primavera steht in perfektem Einklang mit der Flora, die Florenz symbolisiert, und der harmonisch sie rahmenden Lorbeerbäume. Dabei verschwindet hinter Primaveras elegischer Erscheinung der Kampf der Familienzweige um die Vorherrschaft in der Stadt. Die Gestalten symbolisieren also Dinge und Zusammenhänge, die wir heute so ohne weiteres nicht mehr verstehen. Sie laden uns ein in eine (Lebens-)welt, die wir nicht (mehr) kennen, mit der wir uns aber auseinandersetzen müssen, wollen wir das Bild verstehen und darin mehr als nur den schönen Frühling sehen. Was Sandro Botticelli schuf, ist ein Stück Zeitgeschichte, in der er die Politik, seine Auftraggeber, deren Geschicke und Leben verarbeitet.[30]

Um diese Zusammenhänge zu verstehen und deuten zu können, brauchen wir mehr als nur das Bild. Wir brauchen Zugang zu Informationen über die **Hintergründe**, die **Motive**, den **Entstehungskontext**. Um geprägte Bilder und Begriffe entschlüsseln zu können, müssen wir in die Zeit der Entstehung der Werke zurückgehen. Das gleiche gilt auch für die biblischen Texte. Um diese richtig verstehen zu können, brauchen wir ein spezielles Wissen. So sind die biblischen Texte häufig nur vor ihrem geschichtlichen Hintergrund und im Kontext der damaligen kulturellen

---

30   Vgl. Horst Bredekamp, *Botticelli Primavera. Florenz als Garten der Venus*, Frankfurt 1988.

und religiösen Tradition verstehbar. Es gilt in die Zeitgeschichte und damalige Lebenswelt einzutauchen. Um Verständnisschwierigkeiten zu überwinden und Anspielungen sowie Verweise der Texte zu verstehen, müssen wir in der Zeit zurückreisen – in die biblischen Zeiten, Traditionen, in die Umwelt des Alten und Neuen Testaments. Mit dieser Reise beschäftigt sich die Traditionsgeschichte und hat dabei auch die Motivgeschichte, die wir in diesem Methodenschritt mitverhandeln, im Blick.[31]

✏ Die Traditionsgeschichte ordnet die biblischen Texte in die literarischen, politischen oder religiösen Traditionen der damaligen Umwelt ein. Sie fragt nach der Bedeutung und den Hintergründen verarbeiteter Sprache und Motivik. Dabei bezieht sie auch innerbiblische Verweise mit ein.[32]

Der Blick in die Traditionsgeschichte ist der Blick über den Tellerrand der Perikope bzw. über den des Textes hinaus. Die Traditionsgeschichte ist wie die Gemäldebeschriftungen im Museum, die die Bilder erklären und einordnen. Sie lässt uns an Stellen stehen bleiben, über die wir sonst vielleicht schnell hinwegsehen würden. So, wie wir im Museum vor dem Botticelli bestenfalls fragend stehen bleiben müssen oder aber gelangweilt vorbeigehen, da die Motivik heute eben nicht mehr selbsterklärend ist, verhält es sich auch mit vielen biblischen Texten. Um diese zu verstehen, brauchen wir Einblick in die biblische **Sozial-**, **Zeit-** und **Motivgeschichte**. Religionsgeschichtliche Erkenntnisse aus der altorientalischen Umwelt und dem frühen Judentum helfen uns, beschriebene Praktiken

---

31 Unter Motivgeschichte bzw. -kritik wird sehr Unterschiedliches verstanden. Vgl. u.a. Thomas Hieke/Benedict Schöning, *Methoden alttestamentlicher Exegese*, Darmstadt 2017, 123f; Martin Ebner/Bernhard Heininger, *Exegese des Neuen Testaments*, Paderborn ⁴2018, 71. Wir verstehen unter „Motiven" sowohl kleine charakteristische Textelemente, als auch theologische Motive, die es traditionsgeschichtlich und in großen Linien zu ergründen gilt.

32 Auch der Begriff und Methodenschritt der Traditionsgeschichte ist unterschiedlich gefüllt. Wir orientieren uns an einem Verständnis der „Tradition" sowohl im Sinne des Werdegangs eines Textes, als auch den geprägten Bedeutungsinhalten und verzichten auf die Verhandlung der sog. Überlieferungsgeschichte. Zur Problematik vgl. Udo Schnelle, *Einführung in die neutestamentliche Exegese*, Berlin Stuttgart ⁶2005, 134f.

und zitierte Regeln zunächst als solche zu identifizieren und dann zu deuten. Die Traditionsgeschichte erfragt und erklärt also kulturelle und religiöse Traditionen. Hierfür sind auch intertextuelle Fragestellungen relevant, die in den Blick nehmen, wo und welche anderen Texte den vorliegenden beeinflusst haben. Dies kann in Zitaten, aber auch implizit stattfinden. Fragen, wie die folgenden, können dabei aufkommen: Wie kann man sich ein Zu-Tisch-Liegen vorstellen (Lk 7,36–50 (11. S.n.Tr./V))? Welches Berufsprofil haben Schriftgelehrte (Mk 14,(1–2)3–9 (Palmsonntag/II))? Was ist eigentlich das Problem an einer Heilung am Sabbat (Lk 13,10–17 (12. S.n.Tr./VI))? Was hat es mit dem Schlaf Gottes auf sich (Ps 121 (Altjahresabend/Ps) oder auch Mk 4,35–41 (4. S.v.d.Passionszeit/I))? Wie wird mit Ex 2,1–10 am Christfest I/VI die Tradition einer Tradition aufgerufen und auf einmal steht König Sargon von Assyrien neben der Krippe? Je größer der zeitliche und kulturelle Abstand zu solchen Fragen wird desto schwieriger (aber auch notwendiger) ist deren Beantwortung.

Ein Beispiel aus der Kunst macht deutlich, was der vorliegende Methodenschritt in Bezug auf ein ganz konkretes Motiv bedeutet:

Abb. 7/8: Diego Velázquez, Inocencio X., um 1650; Francis Bacon, Study after Velázquez's Portrait of Pope Innocent X., 1953

So stellen die Bilder von Diego Velázquez und Francis Bacon beide das gleiche Motiv – Papst Innozenz X. – dar, doch könnten sie unterschiedlicher kaum sein. Bacon nimmt das Motiv von Velázquez, samt Perspektive, auf und schafft daraus ein völlig neues Bild mit ganz anderer Aussage und Intention. Sein Motiv ist das gleiche, aber seine Motivation und seine Bildaussage sind ganz andere als die von Velázquez. Er nimmt Velázquez auf, arbeitet ihn um und entwickelt ihn (mit seinem „Markenzeichen" ergänzt) weiter, ja, schafft damit ein ganz neues Bild. So wie in der Kunst ähnliche Motive sehr unterschiedlich, zum Teil unkenntlich, verarbeitet werden, geschieht dies auch im biblischen Text.

Wie wird's gemacht?

Die Traditionsgeschichte begibt sich also auf die Suche nach **religiösen** und **kulturellen Traditionen**, die das, was im Text passiert, erklären und uns heute verständlich werden lassen. Sie sucht nach dem „dahinter". Meist sind es einzelne Begriffe oder Wortkombinationen, die eine traditionsgeschichtlich zu erschließende Spur legen.

Leitbegriffe ausmachen

Am Anfang dieses Untersuchungsschrittes stehen also meist zunächst **Begriffe** oder **Motive**, aber auch Denkmuster und -zusammenhänge, die wiederum auf religiöse, kulturelle und sozialgeschichtliche Traditionen verweisen. Sie gilt es auszumachen, wobei auf Ergebnisse anderer Methodenschritte zurückgegriffen werden kann, z.B. auf die Übersetzung oder die sprachliche Analyse. Was ist hier schon aufgefallen, worüber sind Sie gestolpert? Oft geben interessante, vielleicht komplizierte oder seltene Wörter, Wortkombinationen oder sprachliche Besonderheiten bereits gute Hinweise darauf, wo es sich lohnt, nochmal nachzuschauen. (Selbstverständlich funktioniert eine traditionsgeschichtliche Erkundung Ihres Textes aber auch ohne die anderen Methodenschritte.)

Für eine Annäherung an Motive und Traditionen sind zunächst einmal sehr hilfreich:

✏ ein paar (**bunte) Stifte**, die helfen besonders auffällige Worte oder Sachzusammenhänge im Text zu markieren. Kommen manche Worte besonders häufig vor oder stehen sie an prominenter Stelle? Gibt es bestimmte Textfelder und Zusammenhänge, die auffallen? Geht es vordergründig um ein bestimmtes Thema, aber eigentlich um etwas ganz anderes?

Auch hilft es **mit anderen ins Gespräch** über den Text zu **kommen**:

🗣 Sprechen Sie mit Menschen über den Bibeltext oder lesen Sie diesen vor. Besonders Menschen, die nicht fest in der kirchlichen Sprache und Tradition verortet sind, haben meist ein gutes Gespür für Ungewöhnliches und Dinge, die „Kirchenleuten" längst nicht mehr merkwürdig vorkommen. Genau an diesen Stellen verbirgt sich oft großes Potential für die Traditionsgeschichte. Je fremder Dinge sind, desto eindrücklicher können sie sein.

Eine weitere Möglichkeit ist, dass Sie **selbst zum Hörenden werden**:

👂 Lassen Sie sich den Text vorlesen. Gibt es Stellen, an denen der Vorlesende stolpert oder Worte, die sich in Ihren Ohren komisch anhören? Auch hier gibt es oft etwas zu entdecken.

Auf diese Weise sind Sie vielleicht auf ein paar Begriffe, Zusammenhänge oder Traditionen gestoßen, denen Sie nachspüren wollen.

Wie wäre es beispielsweise mit dem Motiv des Schafes/Lamms/Widders? Dieses Bild hat weitaus mehr zu bieten als bloße Weideromantik. Es geht auf Traditionen aus pharaonischer Zeit zurück und bespielt auch biblisch (sowie vielfach aufgenommen in der darstellenden Kunst) sehr unterschiedliche Aspekte: Vom stellvertretenden Leiden/Tod des Lammes/Widders (Gen 22,1-14(15-19) (Judika/VI)), dem kultisch sühnenden Opfer(lamm)/Bock als Sündenträger (Lev 16,20-22 (Karfreitag/WT)), apotropäischen Passalämmern (Ex 12,1-14 (Gründonnerstag/II)), bis hin zu seinen vielfältigen neutestamentlichen Ausdeutungen (Joh 1,29-34 (1. S.n.Tr./V); Off 5,6-14 (Ostermontag/III); Off 19,1-10 (7. S.n.Tr./WT)).[33]

---

33 Eine gute, reich bebilderte Einführung in das Motiv bietet Saskia Lerdon, *Ecce Agnus Dei. Rezeptionsästhetische Untersuchung zum neutestamentlichen Gottteslamm in der bildenden Kunst* (NTOA 123), Göttingen 2020.

Es kann an dieser Stelle auch interessant sein, Perikopen in den Blick zu nehmen, in denen das Motiv gar nicht vorkommt, aber implizit sehr prominent mitgedacht wird (Ps 23 (Miserikordias Domini/Ps)).

Motiven und Traditionen nachgehen

Haben Sie Ihre Begriffe oder Motive gefunden, kommt bei diesem Schritt nun Literatur ins Spiel. Herzstück der Traditionsgeschichte ist zunächst die Konkordanz. Welches sind verwandte Bibelstellen, wo kommt dieser Begriff besonders häufig noch vor und lässt sich daraus vielleicht ein Zusammenhang erschließen?

Ein prominentes Beispiel hierfür ist das Motiv des Gottesberges als Ort der Gotteserscheinung und -begegnung (1. Kön 19,1–8(9–13a) (Okuli/IV); Ex 3,1–8a(8b.9)10(11–12)13–14(15) (letzter S.n.Ep./I); Ex 19, 1–6 (10. S.n.Tr./III); Ex 33,18–23 (2. S.n.Ep./V)). Lassen sich Muster in der Begegnung und Erscheinung ausmachen und worin unterscheiden sich die Erzählungen? Was hat das mit dem Berg selbst und seinem Namen zu tun?

Konkordanzen gibt es in fast jedem Format und jeder Preiskategorie. Hier gilt meist: Je größer und teurer desto ausführlicher und genauer. Oft braucht es das, unserer Erfahrung nach, aber gar nicht, sondern es genügen auch kleinere, günstige oder gebrauchte Exemplare wie

Bibel von A–Z. Wortkonkordanz zur Luther-Übersetzung, Stuttgart 1984. (gibt es nur noch antiquarisch, das aber zuhauf)

Herbert Hartmann, Kleine Konkordanz zur Lutherbibel, Neukirchen-Vluyn 2002/2016.

Neben den zahlreichen gedruckten Varianten, die wir im Literaturverzeichnis auflisten, ist besonders auf folgende digitale Konkordanzen hinzuweisen, die die gedruckten Werke (auch in der Forschung) zunehmend ersetzen:

Bibel-Online (www.bibel-online.net)

ERF *Bibleserver* (www.bibleserver.com)

Deutsche Bibelgesellschaft (www.die-bibel.de/bibeln/bibellexikon/konkordanz-themenregister/details/)

Zudem haben

📖 viele Bibelausgaben **Verweise am Textrand/in den Fußnoten** und weisen dort auf innerbiblische Textzitate hin – auch ein guter Start für die Spurensuche.

Es kann auch hilfreich und empfehlenswert sein, in einige **Wörterbücher** und **Lexika** zu schauen. Sie geben neben der Bedeutung und dem Vorkommen Ihres Begriffs oder Motivs auch Querverweise und Anmerkungen zu seiner Verwendung in der jeweiligen Umwelt. Auch hier gibt es große (qualitative und preisliche) Unterschiede. Besonders empfehlenswert (sowie in den Studienausgaben erschwinglich) sind:

📖 HGANT. Handbuch theologischer Grundbegriffe zum Alten und Neuen Testament, Darmstadt ^{15}2016.

Möglicherweise ohnehin im Regal stehend und auch als (Begriffs-)Lexikon sehr hilfreich:

📖 RGG^4. Religion in Geschichte und Gegenwart, 8 Bde. + Register, Tübingen 1998–2007.

Allerdings ist dieser Schritt auch ohne Zugang zu einer Bibliothek gut bewältigbar. So gibt es mittlerweile sehr gute **Online-Datenbanken**, die die Begriffe fachlich erschlossen und aufgearbeitet darstellen:

💻 *Wibilex* (www.bibelwissenschaft.de/wibilex) (kostenfrei)

Logos (www.logos.com) (kostenpflichtig)

Accordancebible (www.accordancebible.com) (kostenpflichtig)

Wer noch eine alte *BibleWorks*-Version hat, kann auch diese – sowohl als Konkordanz, als auch als Wörterbuch – verwenden.

Logos und *Accordance* bieten neben Begriffslexika und Konkordanzen auch diverse Zeit-, traditions- und motivgeschichtliche Erklärungen.

Doch ist die Bibel weitaus mehr als ein Buch, das nur Traditionen und zeitgeschichtliche Gepflogenheiten wiedergibt. Sie bezieht zu diesen

Stellung und schafft damit gleichzeitig neue. So können bspw. religiöse oder gesellschaftliche Praktiken besonders traditionell oder eben auch kritisch dargestellt werden, sowie Umdeutungen erfahren. Jesus auf dem Esel ist ein bekanntes Beispiel dafür (Mt 21,1–11 (1. Advent/I)). Wir wissen heute: Die Verbindung der Ankündigung eines Königs mit dem Einzug auf einem Esel stellt die durch die besetzende Macht aufoktroyierten Normen und Erwartungen auf den Kopf, bzw. kritisiert diese bewusst. Sie zeigt: hier geht es anders zu, dieser König ist kein König des Krieges, des Luxus und Hochmuts (womit Pferde als königliche Reittiere in Verbindung gebracht wurden). Zudem nimmt die Perikope die alttestamentliche Verheißung des Esels als bevorzugtem Reittier des messianischen Friedensfürsten auf (Sach 9,9–10 (1. Advent/III)) und steht damit konträr zur Umwelt. Gleicher kritischer Impetus lässt sich in den zahlreichen Erzählungen von Gesetzesübertritten finden, wie z.B. den Sabbatheilungen, die heutigen Lesenden nur mit entsprechendem Hintergrundwissen auffallen, aber oft erklären, warum gerade diese Geschichte es überhaupt in die Bibel geschafft hat (Lk 13,10–17 (12. S.n.Tr./VI)).

> Um solche Zusammenhänge zu erkennen, helfen die bereits genannten Hilfsmittel, wie auch (und dies oft alltagstauglicher)
>
> 📖 **kommentierte Bibeln/Erklärungsbibeln.** Sie liegen zu den meisten Bibelausgaben vor und geben schnell (meist jedoch sehr knapp) und direkt Einblick in die biblische Zeit und geographische, historische und kulturgeschichtliche Zusammenhänge sowie die Entstehungs- und Überlieferungsgeschichtliche. Dies geschieht häufig auch in einleitenden Überblickskapiteln zu Beginn der jeweiligen biblischen Bücher. Hier einige empfehlenswerte und vergleichsweise ausführliche Beispiele:
>
> 📖 Einheitsübersetzung mit dem Kommentar der Jerusalemer Bibel, Freiburg [13]2000.
>
> Elberfelder Studienbibel mit Sprachschlüssel und Handkonkordanz, Witten [3]2021. (Wobei auch die „einfache" Elberfelder Übersetzung bereits eine große Hilfe ist.)
>
> Stuttgarter Erklärungsbibel, Stuttgart 2005.
>
> Die Bibel mit Erklärungen, Berlin [18]2020.

> In Hinblick auf den Entstehungskontext des Neuen Testaments und mit zahlreichen thematischen einführenden Essays besonders bereichernd und interessant ist
>
> 📖 Das Neue Testament jüdisch erklärt. Lutherübersetzung, Stuttgart 2022.
>
> 📖 Zudem ist auf die **einleitenden Kapitel von Kommentaren** zu verweisen. Sie geben häufig eine gute Einführung in den zeitgeschichtlichen Hintergrund des entsprechenden Buches und lassen über die Person des Autors des jeweiligen Buches Annäherungen an den biblischen Text gestalten. (Siehe hierzu das Beispiel auf S. 110f zu Politik und Weltgeschehen.)

Wesentlich ausführlicher und auch über viele der oben genannten Hilfsmittel hinausgehend sind Werke, die in die Religionsgeschichte und Umwelt der Testamente einführen. Häufig finden sich in den Wörterbüchern oder in Kommentaren zu den Bibelstellen Hinweise auf **zeitgeschichtliche Vergleichstexte** zu den ausgemachten Begriffen oder Motiven. Sie können als Hintergrund für die biblischen Texte gedient haben oder erklären deren gedankliche Zusammenhänge. Diese Hilfsmittel zählen jedoch eher zur Spezialliteratur, können aber für einzelne Motive sehr erhellend sein:

> 📖 Jens Schröter/Jürgen K. Zangenberg (Hg.), Texte zur Umwelt des Neuen Testaments, ³2013. Das Buch ist eine gute Zusammenstellung von Texten zur politischen, kulturellen und religiösen Umwelt der Schriften des Neuen Testaments in deutscher Übersetzung. Diese werden ergänzt durch Informationen zu wichtigen Personen und Ereignissen sowie durch Hinweise auf weiterführende Literatur. Für die vorliegenden Zwecke besonders hilfreich ist das Bibelstellenregister.
>
> Klaus Berger/Carsten Colpe, Religionsgeschichtliches Textbuch zum Neuen Testament, 2 Bde., Göttingen 1987. Der Band bietet, wenn auch in die Jahre gekommen, noch immer einen guten Einblick in die religionsgeschichtlichen Traditionen der Zeit. Gleiches gilt für
>
> Hans-Josef Klauck, Die religiöse Umwelt des Urchristentums. Bd. 1: Stadt- und Hausreligion, Mysterienkulte, Volksglaube, Stuttgart 1995; Bd. 2: Herrscher- und Kaiserkult, Philosophie, Gnosis, Stuttgart 1996.

> TUAT. Texte aus der Umwelt des Alten Testaments, 3 Bde., Gütersloh 1981–2001 bietet ebenso wie sein Nachfolger
>
> TUAT.NF. Texte der Umwelt des Alten Testaments. Neue Folge, Gütersloh 2004ff (bisher 9 Bde.) neben den Texten zur Umwelt des Alten Testaments häufig auch direkte biblische Bezüge ebendieser. Ferner:
>
> HTAT. Historisches Textbuch zum Alten Testament, GAT 10, Göttingen 2010 (auch als E-Book erhältlich).
>
> Für die, die etwas mehr Zeit und Muße haben sich den zeitgeschichtlichen Hintergrund auf eingängliche Weise zu erschließen, lohnen sich auch diese Romane:
>
> 📖 Gerd Theißen, Im Schatten des Galiläers, Gütersloh ²⁶2019.
>
> Gerd Theißen, Der Anwalt des Paulus, Gütersloh ²2017.
>
> Beide bieten einen abwechslungsreichen, ungewöhnlichen Zugang zur Zeitgeschichte, der die Predigt sehr bereichern kann. Vielleicht können sogar einige Abschnitte aus diesen Büchern in der Predigt verarbeitet werden?

Ein weiterer wichtiger Aspekt der traditionsgeschichtlichen Aufarbeitung sind die **Lokalitäten**. So ist es nie ein Zufall, wo die Geschichten spielen, von wo nach wo die Menschen ziehen und welche Orte vielleicht eben auch nicht genannt werden. Dies gilt sowohl für die zahlreichen alttestamentlichen Erzählungen, in denen die Menschen aus- und umherziehen, als auch für die Wanderbewegungen im Neuen Testament. Sobald sich Menschen bewegen, lohnt es sich (fast immer) auch eine Karte daneben zu legen und zu schauen, wo es genau hinging und auf welchem Weg das geschah. Umwege, plötzliche Abzweigungen oder Umkehr geschehen selten „aus Versehen". Auch sind die Orte, zu oder von denen weggezogen wird, nicht zufällig gewählt. Dies zeigt bspw. Lk 10,25–37 (13. S.n.Tr./IV). So haben die Orte Jericho und Jerusalem sowohl in ihrer Beziehung zueinander, als auch für sich stehend eine ganz eigene Dynamik und Bedeutung, die nochmal ein neues Licht auf den verletzten Mann und den Samaritaner wirft. Ähnliches lässt sich beim Blick an den Jordan beobachten: So berichtet Jos 3,5–11.17 (1. S.n.Ep./I) vom Durchzug Israels durch den Jordan. Schaut man sich die erwähnten Örtlichkeiten aber einmal auf der Karte an (und liest vielleicht sogar die ausgelassenen V. 12–16 mit) fällt auf: Das Wasser des Jordan staute sich etwa 60 km entfernt von der Stelle, wo Israel durch den Jordan zog, sodass es nicht zu einem spektakulären Wunder – wie von Josua angekündigt – kommt, sondern zu einem „langsamen Wunder auf Distanz" – eine Beobachtung, die eine wunderbare Predigtgrundlage darstellt.

Nun sind Begriffe, Motive, Traditionen und Zusammenhänge erschlossen, die Texte, in dem, wovon sie handeln und was sie meinen, klarer. Doch fehlt noch ein letzter, traditionsgeschichtlicher Schritt, der für die Predigtentstehung hilfreich sein kann: Ähnlich wie bei Diego Velázquez und Francis Bacon verändern ja auch die Kunstschaffenden selbst das, was sie darstellen, deuten es und schaffen es damit neu. Die Frage ist also nicht nur: was sehen wir (ex- oder implizit) auf dem Bild, sondern auch: Wie wird es dargestellt? Um im Bild des Papstes zu bleiben: Die Bildaussage von Velázquez und Bacon ist, trotz gleichem Motiv, eine völlig unterschiedliche und stellt obendrein auch noch nur *eine* Facette von Innozenz X. dar. Es geht in der Traditionsgeschichte also nicht nur um die **Entschlüsselung der Motive, Begriffe und Traditionen**, sondern auch um die **Entschlüsselung von deren Darstellung und Rezeption**. Hilfreich für diesen Schritt können sein:

> 📖 die EBR (Encyclopedia of the Bible and Its Reception) oder aber
>
> Kommentare (besonders EKK). Beide beziehen (in unterschiedlicher Intensität) immer wieder auch die Rezeption der jeweiligen Motive und Texte ein.

> ⚠ Bei der traditions- und zeitgeschichtlichen Erschließung gilt häufig: **Weniger ist mehr!** Das betrifft sowohl die Anzahl der Motive, denen Sie nachgehen, als auch die (vermeintlich notwendige) Tiefe. Es ist meistens völlig ausreichend (und sehr viel fruchtbringender) sich auf *ein* Phänomen zu konzentrieren.

Was wird daraus?

Die Zeitreise

Die Beschäftigung mit der Traditionsgeschichte lässt uns tiefer in die Welt der einzelnen Texte eintauchen. Häufig schenkt sie uns einen ganz neuen Blick auf die Geschichten und bringt bisher unbekannte Aspekte zum Vorschein. Es handelt sich oft um eine Zeitreise, die auch als solche inszeniert werden kann. Diese kann, wie in einer Bildbeschreibung auf einzelne Aspekte abzielen, aber auch die ganze Geschichte im Blick haben. In jedem Fall geht sie nicht davon aus, dass sich die gesehenen (oder gehörten) Dinge von selbst erklären. Besonders in Bezug auf bekannte Geschichten fällt dies schwer, aber es loht auch (und besonders) hier:

> Lk 2,1–20 (Christvesper/V):
>
> ✏ Rekonstruieren Sie das Geschehen anhand einer Zeitleiste. Was wird hier nicht oder nur kurz erzählt? Gehen Sie diesen Spuren nach. Ein mögliches Beispiel kann die Geburt selbst sein. So gibt der Text nur die Information, dass Maria gebar und ihren Sohn in Windeln gewickelt in eine Krippe legte.
>
> 🔍 Informieren Sie sich darüber, wie eine Geburt zur Zeit von Jesu Geburt ablief und welche Bedeutung sie hatte. Wer war üblicherweise dabei und übernahm welche Aufgabe? (Hinweis: *Wibilex*)
>
> ✏ Schreiben Sie ein Geburtstagebuch, das Josef für seinen Sohn anlegt. Wie lief die Geburt wohl ab? Was war seine Aufgabe dabei? War sonst noch jemand zugegen? Lassen Sie sich dabei auch von heutigen Praktiken, wie dem Moment der Nabelschnurdurchtrennung leiten. Was hat Josef wohl übernommen? Oder hat Maria alles alleine machen müssen?
>
> 💬 Überlegen Sie, wie es Maria wohl ging, als auf einmal die Hirten auftauchten und was sie außer ihren Worten vielleicht noch zu diesem Moment in ihrem Herzen bewegte? Immerhin hatte sie gerade entbunden ...

Orte sprechen lassen

Wo biblische Geschichten spielen und wann oder wie sich deren Lokalitäten verändern, geht beim Lesen und Hören häufig und schnell unter. Dabei wird durch Orte oft mehr deutlich als durch viele Worte. Was man schnell überliest, gibt Auskunft über gesellschaftliche und kultische Gepflogenheiten, die hier thematisiert und vielleicht sogar kommentiert werden. Manchmal geschieht dies bewusst versteckt und ist damit besonders interessant.

> &⌒ Lesen Sie Joh 5,1–16 (19. S.n.Tr./I) mit besonderer Aufmerksamkeit auf die Lokalitäten.
>
> ♀ Im Text fällt auf, dass sich der Kranke – solange er krank ist – beim Schaftor, also nur *vor* dem Tempel, aufhielt. Erst als er wieder gesund ist, begegnet Jesus ihm *im* Tempel. Hier kommt das Tempelgesetz zum Tragen: Kranke oder unreine Personen durften den Tempel nicht betreten und waren damit auch aus dem gesellschaftlichen Leben ausgeschlossen. Dies korreliert mit dem Alleinsein, was vom Kranken in seiner Antwort an Jesus beschrieben wird. Durch seine Heilung nimmt der Kranke wieder am Kult und dem sozialen Leben teil und ist folgerichtig auch *im* Tempel anzutreffen.
>
> ✏ Formulieren Sie die Geschichte wie eine Spielanleitung, in der bestimmten Orten bestimmte Funktionen oder Aufgaben zukommen.

Die religiöse Einbettung

Biblische Texte setzen häufig Kenntnisse bestimmter religiöser Zusammenhänge voraus, die für uns heute keineswegs selbsterklärend sind. Anstatt sie unerklärt stehen zu lassen, kann es sehr erhellend sein, diese zu beleuchten.

> Ex 20,1–17 (18. S.n.Tr./V):
>
> ♀ Der Dekalog stellt weit mehr als nur Regeln für den Ausgleich menschlicher Lebensinteressen mit eventuellen göttlichen Sanktionierungen dar. Er ist vielmehr Ausdruck der freien Zuwendung Gottes zum Menschen und geht damit über die Bedeutung und den Geltungsbereich anderer altorientalischer Codices hinaus. Gleichzeitig erklärt genau dieser altorientalische

Hintergrund, dass Gott im Alten Orient sehr viel menschlicher gedacht wurde, als wir das heute tun. Besonders deutlich wird das in Num 6,22–26 (Trinitatis/II), dem aaronitischen Segen, wo von Gottes Angesicht als Gesicht im Sinne seiner Körperlichkeit gesprochen wird, was heute nur schwer vorstellbar ist.

Zur Weiterarbeit an Ex 20,1–17 (18. S.n.Tr./V):

🔎 Gibt es Bereiche, in denen auch heute aus Zuneigung sanktioniert wird? Falls Sie eine:n Jurist:in im Bekanntenkreis haben, kann diese:r vielleicht weiterhelfen.

Zur Weiterarbeit an Num 6,22–26 (Trinitatis/II):

✏ Lassen Sie Gott und Mose darüber diskutieren, ob und wie Gott für die Menschen sichtbar werden kann und sollte. Was sind mögliche Vor- und Nachteile?

👥 Überlegen Sie – am besten gemeinsam mit anderen, z.B. einer Konfirmand:innengruppe – was ein Gesicht alles bedeuten kann, welche Aspekte es beinhaltet und welche (auch vulgären) sprachlichen Entfremdungen es erfahren kann. Auch der Einbezug von digitalen Medien kann dabei bereichernd sein.

🔎 Vielleicht ergeben sich daraus neue Perspektiven für die Gestaltung eines ganzen Gottesdienstes und seiner Performance. So könnten auch die Gottesdienstbesuchenden ihr eignes Gesicht darstellen, gestalten und gesammelt zum Segen „bringen", auch können Sie interaktive Elemente in einzelnen liturgischen Teilen einflechten, wie auch in der Predigt.

Der sozialgeschichtliche Hintergrund

Manche Geschichten, wie das Gleichnis vom verlorenen Sohn, werden heute selten hinterfragt, da sie quasi zum „Standardrepertoire" gehören. Allerdings gibt es durchaus Rückfragen zu stellen und Dinge zu beobachten, die heute anders laufen würden. Die Sozialgeschichte gibt hierauf Antwort und bietet Anregungen für die Predigt.

Lk 15,11–32 (3. S.n.Tr./VI):

💬 Die Sozialgeschichte erklärt, wie Erbe damals überhaupt geregelt wurde, was es mit dem Sohnesrecht (15,22–24) auf sich hat und warum der Vater trotzdem volle Verfügungsgewalt über Haus und Hof behält. Besonders spannend ist diese Perikope in Bezug auf die Motivik. Dies gilt einerseits für das in der Antike sehr verbreitete Oppositionspaar (hier von brav und verschwenderisch), andererseits für die mit dem Vaterbild verbundene Gotteskonnotationen. So sind gewisse Parallelen des Vaters zu anderen Gottheiten, wie Zeus, nicht abzustreiten. Mit diesen Motiven und deren Parallelen lässt sich beispielsweise ein Predigteinstieg gestalten.

🖉 Gestalten Sie einen Predigteinstieg mit Oppositionspaaren unter der besonderen Fragestellung, was diese über die Umwelt (damals und heute) aussagen oder

🗣 bitten Sie Zeus und Gott um ein Zwiegespräch. Vielleicht unterhalten sie sich ja darüber, welche Erziehungsmethoden sie jeweils für sinnvoll erachten.

♡ Spüren Sie mögliche Anti-/Sympathien nach, die Sie den Personen gegenüber haben. Haben Sie Ideen dazu welche Traditionen, die Sie prägen, Sie zu diesen Gefühlen bringen? Was hätte in Ihrem Leben anders laufen müssen, damit Sie zu einer anderen Einschätzung gekommen wären?

🖉 Erzählen Sie die Geschichte in einer matriarchalen Gesellschaft verortet und drehen Sie dabei alle stereotypen Zuschreibungen des Textes um.

Politik und Weltgeschehen

Die Bibel greift an zahlreichen Stellen Traditionsstränge auf, führt diese weiter oder strickt aus ihnen eigene, neue Geschichten. Sie verwebt Geschichten und Vorstellungen ineinander und schafft so neue Kunstwerke. Diese haben oft auch ein politisches und gesellschaftskritisches Interesse und Profil. Sie geben uns Einblick in die damalige Zeit und Welt. Die vorliegenden Beispiele zeugen zudem von der Vielzahl und Varianz von Motiven in nur einer einzelnen Perikope:

Mt 2,1–12 (Epiphanias/I):

💡 Die Ortsauswahl sowie das Verhalten und die Route der Weisen aus dem Morgenland ist nur traditionsgeschichtlich und vor dem Hintergrund der Weissagungen des Propheten Micha (5,1–4a (Christvesper/IV)) zu verstehen. Der von ihm erzählende Text entstand zu einer Zeit, in der nicht mit einer Herrschergestalt aus Jerusalem gerechnet wurde und man sich zudem einen politischen und gesellschaftlichen Neuanfang wie zu Davids Zeiten erhoffte. Diesen Bezug bot Bethlehem. Dementsprechend sagt Micha, bzw. der von ihm erzählende Text, voraus, dass der neugeborene König nicht, wie für einen König eigentlich zu erwarten, in Jerusalem, sondern in Bethlehem geboren werden wird. Damit durchkreuzt der jerusalemkritische Prophet sämtliche Machtannahmen und -strukturen und verortet den neuen, anderen König bewusst abseits dieser Macht und der nationalen Heilstheologie Israels. Dieser Eingriff ist politisch zu verstehen, denn mit dieser Umbettung kritisiert Micha, bzw. der von ihm erzählende Text, die geistigen und ökonomischen Eliten in Jerusalem und stärkt gleichzeitig die Kleinen und Schwachen. Von diesen – personifiziert in Jesus Christus – wird der Friede ausgehen (Mi 5,4a). Matthäus nimmt in 2,1–12 also den vorliegenden biblischen Stoff auf und wickelt das Jesuskind in diesen neu ein.

✏ Formulieren Sie ein Gespräch zwischen Micha und Matthäus, die sich beim Strickkreis im Januar nach der Weihnachtspause wiedertreffen. Jeder von beiden erzählt von seinen Erfahrungen an Weihnachten im Gottesdienst. Ein besonderer Schwerpunkt kann dabei auf der Wiedergabe der vom jeweiligen Autor verarbeiteten Traditionssträngen liegen.

💬 Überlegen Sie sich eine Figur des öffentlichen Lebens, die sich gegenwärtig wie Micha verhält und lassen Sie diese predigen. Vielleicht in Form einer Regierungserklärung?

Mt 2,1–12 (Epiphanias/I) lässt nicht nur die Herzen von Astronomiebegeisterten höher schlagen, sondern zeigt auch, wie sehr biblische Texte mit weltlichen, hier astronomischen, Ereignissen verbunden sind. Auch wenn unklar ist, welches Himmelsphänomen mit dem sog. „Stern von Bethlehem" beschrieben wurde, bzw. auf welches es hindeutet, so ist doch klar: die außergewöhnlichen Himmelsereignisse um Jesu Geburt wurden mit dieser in Verbindung gebracht, biblisch rezipiert und tradiert.

📖 Lesen Sie sich überblicksartig in die verschiedenen astronomischen Theorien zum Stern über Bethlehem ein (Hinweis: *wikipedia*).

👥 Gestalten Sie ein (fiktives) Fachgespräch zwischen einer Pfarrperson und eine:r Astronom:in. Vorlage hierfür könnte folgendes Video sein: www.youtu.be/rUflzgcTtPA

Von anderen Autoren lernen

Biblische Autoren sind Zeugen ihrer Welt und Umwelt. Sie pflegten Zu- und Umgang mit religiöser wie auch weltlicher Literatur. Neben religiösen Motiven werden diese immer wieder rezipiert und damit immer auch neu gedeutet:

> 🔎 Vergleichen Sie die Motive „Knecht – Hausherr", „Weinberg – Weingärtner", „Bau – Eckstein" in Mt 21,33–46 mit Mk 12,1–12 (Reminiszere/V).
>
> Welche Tendenzen und (theologischen) Absichten lassen sich bei Matthäus ausmachen?
>
> Welche Elemente und Motive des Markustextes behält Matthäus bei oder fügt sie hinzu? Verändern diese den Eindruck, den Sie von Markus haben?
>
> ✏ Formulieren Sie ausgehend von beiden Texten eine eigene Beschreibung des Geschehens. Greifen Sie sich das Motiv des Reiches Gottes heraus und bauen Sie es auf. Wie verschiebt sich hierdurch der theologische Schwerpunkt der Perikope?

> Mt 8,5–13 (3. S.n.Tr./IV):
>
> 💡 Das Motiv des Heulens und Zähneknirschens findet bei Matthäus sechs Mal Aufnahme (8,12; 13,42; 13,50; 22,13; 24,51; 25,30). Damit schließt er nicht nur an biblische Traditionen an, sondern rekurriert auch auf außerbiblische Belege, wie Homer, der die Begriffe bereits eng mit der Totenklage verband. Wenngleich die Bedeutung der außerbiblischen Belege für das Matthäusevangelium umstritten ist, fällt doch auf: hier wird ein Begriff verwendet, der schnell und eindrucksvoll deutlich macht, worum es dem Autor ging: Hier wird die schlimmste aller Gerichtsvisionen ausgemalt.
>
> ✏ Schreiben Sie den Text mit heutigen Metaphern um. Welches Motiv eignet sich, um die äußerste und größte Sorge heutiger Menschen auszudrücken?

Innertextliche Verweise

Neben einem Einblick in die Zeit- und Sozialgeschichte stellt die Traditionsgeschichte auch Informationen über die Bedeutung innerbiblischer

Verweise zur Verfügung. Ein berühmtes Beispiel hierfür ist das Jesajazitat in Mt 1,22f:

> Mt 1,18–25 (Christnacht/III und Christfest II/II):
>
> 💡 Matthäus nimmt hier die geprägte Sprache des Alten Testaments auf, um den Herrschaftsanspruch Jesu Christi als Gottes Sohn, mit der Erfüllung der alttestamentlichen Prophezeiung zu untermauern und gleichzeitig deutlich zu machen, dass alles, was in den kommenden Kapiteln geschieht, unter dem Vorzeichen des Mit-Seins Gottes zu lesen ist. Gleichzeitig verschiebt Matthäus den Kontext des Zitates aus Jes 7,14 (Jes 7,10–14 (Christfest II/IV)) bewusst, indem er, weg von der zukünftigen Schwangerschaft einer Frau, hier von einer bereits schwangeren Frau spricht. Damit ist das Zitat bereits erfüllt.
>
> 🔎 Blättern Sie (gerne unter Zuhilfenahme der oben genannten Hilfsmittel) das Evangelium durch und suchen Sie nach anderen Geschichten, in denen das Mit-Sein Gottes besonders betont wird. Ergibt sich eine Kette oder ein roter Faden? Wohin führt dieser?
>
> ✏ Lässt sich dieser Faden in Form eines Drehbuchs formatieren? (Kurzanleitungen zu Drehbüchern finden Sie im Netz.)
>
> 🔎 Nehmen Sie sich Zeitungen, Zeitschriften und das Gesangbuch zur Hand und blättern Sie diese durch. Bleiben Sie in Bezug auf Ihren Predigttext irgendwo hängen? Entwickeln Sie von dort ausgehend einen neuen Erzählstrang. Die wörtliche Übernahme aus Zeitung, Zeitschrift oder Gesangbuch (sowie jeder anderen präferierten Form von Text) kann die Arbeit erleichtern.
>
> ✏ Falls Sie über den Text bereits gepredigt haben: Nehmen Sie sich Ihr Skript (oder das einer anderen Person) zur Hand und überarbeiten Sie dies: Benutzen Sie an den Stellen der Predigt, die Ihnen besonders wichtig sind, Zeitungsüberschriften aus einer Ihnen schnell zur Verfügung stehenden Ausgabe. Was für eine Art von Text ergibt sich jetzt? Vielleicht können Sie sogar ganze Textpassagen einbauen?

Die Vielstimmigkeit zum Klingen bringen

Oft werden innerbiblische Traditionsstränge und Motive sogar schon im Klangraum der Liturgie (Psalm – Lesungen – Predigttext) zum Schwingen gebracht. Da dies häufig unbewusst geschieht, geht hier viel Potential verloren. Diese Vielstimmigkeit kann bewusst gestaltet werden:

Num 6,22–26 (Trinitatis/II):

💡 Der aaronitische Segen ist eine der wichtigsten liturgischen Leihgaben des Alten Testaments im evangelischen Gottesdienst. Von Luther selbst als Segenswort am Ende des Gottesdienstes vorgesehen, wird er als rituell festverankerter Schlussgestus seit Jahrhunderten auf- und ausgeführt. Doch steckt im aaronitischen Segen sehr viel mehr Körperlichkeit, als sich im „Aufstehen" zu seinem Empfangen ausdrückt: In diesem Text wird die Körperlichkeit Gottes dargestellt. Diese kann man nicht nur mit Worten fassen:

❤ Wo in Ihrem Körper nehmen Sie den Segen – als Liturg:in sowie auch als Gottesdienstbesuchende – besonders stark wahr? Vielleicht geht das anderen ähnlich? Überlegen Sie eine Übung zum „Segenspüren", die Sie im Gottesdienst anleiten können. Ein Vorschlag dazu ist nach der minimalinvasiven Triade vorzugehen: Spüren Sie den Segen im Bauch, Ort der Freiheit, im Herz, Ort der Beziehung, oder im Kopf, Ort der Kontrolle?[34]

🔎 Überlegen Sie anhand Ihrer Liturgie, wo welche Körperregionen angesprochen werden oder sich dies anbieten würde. Ein besonderer Schwerpunkt könnte dabei auf der Blickrichtung liegen.

🔎 Gehen Sie Ihren Gottesdienstablauf mit dem Blick darauf durch, wo unterschiedliche Aspekte des aaronitischen Segens vorkommen oder besonders gut platziert werden können. Vielleicht lässt sich ja sogar ein ganzer Gottesdienst daran aufhängen? Wie wäre es, den Gottesdienst einmal mit diesem zu beginnen – immerhin steht der Segen aufgrund seiner nach hinten hin offenen Textstruktur mit den ihn gliedernden Jussivkonstruktionen für einen Beginn: den einer langen und komplizierten Beziehung.[35] Eng mit diesen Fragen verbunden ist eine vorherige Reflexion und Bewusstwerdung darüber, welche Gottesdienstteile welche Funktion in diesem übernehmen.

✏ Das Angesicht ist ein zentraler Begriff im aaronitischen Segen. Überlegen Sie, welche Aspekte ihm zukommen und was diese über die Beziehung Gottes zu den Menschen sagen. Seien Sie hier durchaus auch kritisch (auch Scham und Macht sind zentrale Begriffe aus dem Begriffsumfeld des Angesichts).

---

34 Vgl. Gabriela von Witzleben, *Das triadische Prinzip. Minimalinvasive Psychologie mit Bauch, Herz und Kopf*, Heidelberg 2019.
35 Mehr dazu bei Klaus Seybold, *Der Segen*, Neukirchen-Vluyn 1999, bes. 49.

Mit dem Motiv spielen

Motive sind mehr als Begriffe und stehen für komplexe Denk- und Deutungszusammenhänge. Sie finden biblisch vielfach und unterschiedlichste Aufnahme, doch auch weit darüber hinaus, wird mit diesen Motiven – und ihrer biblischen Rezeption – gearbeitet. Wie oben am Beispiel von Diego Velázquez und Francis Bacon zu sehen war, kann man mit Motiven bis zur Unkenntlichkeit spielen, sie verfremden, ihnen andere Bedeutungen geben und sie ihrer Funktion und zeitlichen Verortung entziehen. Das ist im Laufe der Geschichte auch vielfach mit biblischen Texten selbst geschehen:

> Gen 16,1–16 (Miserikordias Domini/VI) / Joh 4,5–14 (3. S.n.Ep./I):
>
> ♀ Das Brunnenmotiv taucht in der Bibel immer wieder auf. Es ist ein Ort des Lebens und des Zuspruchs – von ihm hängt die Existenz ab. Am Brunnen ändert sich das Leben, hier werden lebensverändernde Botschaften ausgetauscht – das lässt sich bei Hagar (Gen 16,1–16 (Miserikordias Domini/VI)), wie auch bei der Samaritanerin (Joh 4,5–14 (3. S.n.Ep./I)) beobachten. Goethe hat dieses Motiv aufgenommen, deutlich verändert, verfremdet, ja konterkariert: So tauschen sich Gretchen und Lieschen in Faust I (V. 3545–3586)[36] über eine lebensumstürzende Sache am Brunnen aus: Bärbelchen erwartet ein Kind von einem Mann, der sich aus dem Staub gemacht hat. Lieschens abwertende Beurteilung von Bärbel ist Spiegel ihrer damit einhergehenden gesellschaftlichen Abwertung. Hinter diesem Austausch aber steht die Einsicht Gretchens in ihre eigene Situation. Auch Goethe nutzt den Ort des Brunnens, um Lebensbedeutsames (indirekt) mitzuteilen – allerdings nicht, wie sein biblisches Vorbild es ihm vormacht.
>
> Am Brunnen
>
> Gretchen und Lieschen mit Krügen.
>
> Lieschen. Hast nichts von Bärbelchen gehört?
>
> Gretchen. Kein Wort. Ich komm gar wenig unter Leute.
>
> Lieschen. Gewiss, Sibylle sagt' mir's heute! Die hat sich endlich auch betört. Das ist das Vornehmtun!
>
> Gretchen. Wieso?
>
> Lieschen. Es stinkt! Sie füttert zwei, wenn sie nun isst und trinkt.
>
> Gretchen. Ach!
>
> Lieschen. So ist's ihr endlich recht ergangen. Wie lange hat sie an dem Kerl gehangen! Das war ein Spazieren, Auf Dorf und Tanzplatz Führen, Musst überall die Erste sein,

---

36 Johann Wolfgang Goethe, *Faust. Der Tragödie Erster Teil*, Ditzingen, ²2000, 103f.

Kurtesiert' ihr immer mit Pastetchen und Wein;
Bild't' sich was auf ihre Schönheit ein,
War doch so ehrlos sich nicht zu schämen
Geschenke von ihm anzunehmen.
War ein Gekos und ein Geschleck;
Da ist denn auch das Blümchen weg!

Gretchen. Das arme Ding!

Lieschen. Bedauerst sie noch gar!
Wenn unsereins am Spinnen war,
Uns nachts die Mutter nicht hinunterließ;
Stand sie bei ihrem Buhlen süß,
Auf der Türbank und im dunkeln Gang
Ward ihnen keine Stunde zu lang.
Da mag sie denn sich ducken nun,
Im Sünderhemdchen Kirchbuß tun!

Gretchen. Er nimmt sie gewiss zu seiner Frau.

Lieschen. Er wär ein Narr! Ein flinker Jung.

Hat anderwärts noch Luft genung,
Er ist auch fort.

Gretchen. Das ist nicht schön!

Lieschen. Kriegt sie ihn, soll's ihr übel gehn.
Das Kränzel reißen die Buben ihr,
Und Häckerling streuen wir vor die Tür! (Ab.)

Gretchen (nach Hause gehend).
Wie konnt ich sonst so tapfer schmälen,
Wenn tät ein armes Mägdlein fehlen!
Wie konnt ich über andrer Sünden
Nicht Worte g'nug der Zunge finden!
Wie schien mir's schwarz, und schwärzt's noch gar,
Mir's immer doch nicht schwarz g'nug war,
Und segnet' mich und tat so groß,
Und bin nun selbst der Sünde bloß!
Doch – alles was dazu mich trieb,
Gott! war so gut! ach war so lieb!

♡ Haben Sie eine Brunnengeschichte (mit Gott)? Oder gibt es vielleicht ein anderes Objekt/Ort, was/den Sie als (Ihren) „Brunnen" bezeichnen würden?

✎ Stellen Sie die Einsichten der drei Frauen tabellarisch gegenüber. Formulieren Sie abschließend: „Ich als Hagar/Samariterin/Gretchen wünsche mir …" Vielleicht taugen diese Sätze bereits als Predigtbeginn?

⚤ Überlegen Sie – am besten mit anderen – welche lebensverändernden Botschaften heute ausgetauscht werden? Gibt es solche überhaupt noch? Wenn ja, wo werden diese ausgetauscht?

🔍 Welche biblischen Motive finden sich in Ihrer Kirche/Ihrem Gottesdienstraum? Gibt es ein Fenster mit prägnanten Motiven, eine Statur, besondere Dekoration? Gehen Sie auf Spurensuche nach Hintergründen und Traditionen. Überlegen Sie dabei auch, warum das jeweilige Motiv wohl so und nicht anders dargestellt wurde.

Der Spur der Motive folgen

1. Sam 16,14–23 (Kantate/V): „David als Musiker"

♀ Leonard Cohen hat in seinem „Hallelujah" zahlreiche biblische Motive und Traditionen verarbeitet, miteinander verbunden und z.T. stark verfremdet.

✐ Arbeiten Sie die unterschiedlichen Traditionsstränge und Geschichten anhand der Strophen heraus. Die unterschiedlichen Davidmotive ergeben einzelne Erzählsequenzen, die in Ihrer Predigt als einzelne Traditionsstränge nebeneinander stehen bleiben können.

🔎 Informieren Sie sich über unterschiedliche Daviddarstellungen in der (christlichen) Kunst. Finden Sie ein Bild, was zu Cohens Lied passt?

✐ Schreiben Sie eine Fahndungsbeschreibung für David. Welche Impulse aus dem Bibeltext oder dem Lied können dabei hilfreich sein und eingearbeitet werden?

Im Laufe der Jahrhunderte entstanden zahlreiche bildliche Darstellungen und Skulpturen von biblischen Geschichten und Personen. Diese prägen (meist unterbewusst) auch unser heutiges Bild und Denken und lassen in uns, wenn wir an Maria denken, häufig eine junge Frau mit offenem (gold-blondem) Haar und blauem Mantel im Kopf haben. Die Wahrscheinlichkeit, dass Maria auch nur ansatzweise so aussah ist als wohl eher gering einzuschätzen – trotzdem ist dieses Bild von ihr (und dem greisen [!] Josef neben ihr) in uns verankert (Mt 1,18–25 (Christnacht/III und Christfest II/II)). Spiele mit diesen Bildern lassen sich jedoch wunderbar für die bildreiche Predigt nutzen.

Ex 34,29–35 (letzter S.n.Ep./IV):

♀ Der Glanz auf Moses Angesicht wird seit Jahrhunderten durch eine Tradition überschattet, die ihren Ursprung wohl in einem Übersetzungsfehler der Vulgata in Ex 34,29.33 hat.[37] Das berühmteste 2,5 Meter große, marmorne Beispiel dafür sitzt in San Pietro in Vincoli in Rom: der Mose mit zwei kleinen kegelförmigen Hörnchen auf der Stirn. Michelangelo hat hier Fakten sowie

---

37 Vgl. Andreas Schüle, *Verstehen und Verkündigen. Hermeneutische Herausforderungen biblischen Predigens mit alttestamentlichen Texten*, in Ders./Alexander Deeg (Hg.), *Die neue alttestamentlichen Perikopentexte*, Leipzig 2018, 17–33, 30.

eine eigene Traditionslinie geschaffen und Mose (zumindest für die Kunst) für immer *behörnt*. Vielleicht hat er aber auch einfach nur gezeigt, wie vielfältig und weit Interpretationsspielräume sein können.

🔍 Schauen Sie sich auch andere Mose-Darstellungen an und überlegen Sie, welcher Ihrer Meinung nach am besten in die Erzählung am Sinai passt und warum.

✏ Werden Sie selbst zum Michelangelo. Spielen Sie dafür mit der Figur des Mose folgendes Assoziationsspiel: Schreiben Sie nach dem Lesen des Stichworts die Assoziation auf, die Ihnen unmittelbar in den Kopf kommt: Ein Beispiel: „Wenn Mose eine Wetterbeschreibung wäre, dann wäre er (z.B. eine Gewitterwolke / heiter bis bewölkt / sonnig / etc.)."

Wenn Mose eine Landschaft wäre, dann wäre er _____

Wenn Mose ein Tier wäre, dann wäre er _____

Wenn Mose ein Möbelstück wäre, dann wäre er _____

Wenn Mose ein Getränk wäre, dann wäre er _____

Wenn Mose ein Gewächs wäre, dann wäre er _____

Wenn Mose ein Essensgericht wäre, dann wäre er _____

Wenn Mose ein Musikinstrument wäre, dann wäre er _____

Wenn Mose eine Märchenfigur wäre, dann wäre er _____

Wenn Mose ein Werkzeug wäre, dann wäre er _____

Wenn Mose ein Gebäude wäre, dann wäre er _____

Wenn Mose ein Kleidungsstück wäre, dann wäre er _____

Wenn Mose ein Fortbewegungsmittel wäre, dann wäre er _____

Wenn Mose eine Farbe wäre, dann wäre er _____

Wenn Mose ein Geruch wäre, dann wäre er _____

Wenn Mose eine Form wäre, dann wäre er _____

✏ Schreiben Sie nun in max. 10 Minuten eine Personenbeschreibung des Mose, die alle 16 Beschreibungen als Charaktereigenschaften enthält. Sie werden erstaunt sein, was dabei herauskommt. Dient diese Beschreibung vielleicht als Anhalt für eine alternative Erzählung des biblischen Textes?

Skizzen aus der Praxis: Verarbeitung von traditionsgeschichtlichen Entdeckungen

Eine Predigt zu Lk 10,38–42 (Estomihi/I):[38] *Die Predigt nimmt die Jahrhunderte lang tradierte Vorstellung der fleißigen, aber Jesus fern seienden Marta auf und entfaltet die beiden Typen, Marta und Maria, anhand von aktuellen Beispielen und Identifikationen. Die traditionsgeschichtliche Erkenntnis der zweimaligen Namensnennung in V. 41 stellt die Auflösung dieses (vermeintlich) gegensätzliches Narratives und damit eine Kehrtwende dar.*

> [...] Für mich liegt genau da der Schlüssel zu dieser merkwürdigen Begegnung mit Jesus. Denn Marta bleibt im Kontakt mit Jesus und Maria. Anders als man die Geschichte vielleicht denkt, ist Marta ganz nah bei ihm. Jesus nennt Martas Namen zwei Mal. Das ist im Judentum ein Zeichen von besonderer Vertrautheit und Nähe. Und Jesus sagt nicht: „Marta, Marta, es ist schlecht, dass du kochst und putzt." Jesus sagt auch nicht: „Deine Arbeit ist weniger wert." Jesus sagt: „Du bist eine emanzipierte Frau – beschwer dich nicht hinten herum. Wenn dir das Verhalten von Maria missfällt oder du wirklich willst, dass sie dir hilft: dann sag es ihr. Kein Mensch der Welt und keine Autorität – auch nicht ich – kann dir das abnehmen." [...]

Eine Predigt zu Mt 25,1–13 (Ewigkeitssonntag/I):[39] *Die Predigt findet über eine historische Erschließung einer biblischen Realie und deren allegorische Auslegung einen ganz eigenen Zugang zu den zehn Mädchen und dem Predigtanlass.*

> [...] Was unterscheidet die klugen Mädchen von den anderen? Diese zehn Mädchen tragen keine kleinen Öllämpchen mit sich, wie man sich es vielleicht vorstellt und wie es manchmal dargestellt wird. Sie haben Fackeln dabei, Gefäße auf Stäben, in denen man Stoffreste verbrennen kann. In diesen Fackeln ist bei allen Mädchen das Gleiche: Alte Lumpen. Graues, zerrissenes Zeug. Es taugt nur noch zum Verbrennen.

---

38 Predigt von Christine Wenona Hoffmann, gehalten am 03.03.2019 in der Konkordienkirche Mannheim.
39 Predigt von Kathrin Oxen/Karl Friedrich Ulrichs, *RedenMit. Exegese auf der Kanzel*, ZNT 33 (2014), 51–59, 55.

Das ist der Alltag, der nicht nur im November ziemlich grau sein kann. Und das ist alles, was man sonst noch ausgemustert hat in seinem Leben, weil es grau und löchrig geworden ist mit der Zeit. Große Wünsche zurechtgestutzt auf ein sogenanntes normales Maß. Träume. Die haben irgendwann die Motten gekriegt und wurden dann gleich ganz eingemottet. Die Fackeln sind jedenfalls gut gefüllt. Und an Nachschub herrscht kein Mangel. [...]

Eine Plastik ist kein Gemälde – Formkritik

Lerne die Regeln wie ein Profi – damit du sie brechen kannst wie ein Künstler.
Pablo Picasso

Worum geht's?

Abb. 9: Salvador Dali, Vénus de Milo aux tiroirs, 1936

Es gibt keinen Inhalt ohne seine Form. In jeder Kunstform bestimmt die Art der Formgebung die Grenzen und Dimensionen wie auch die Wahrnehmung „des Inhalts" grundlegend. Diese entscheidende Erkenntnis gewinnt schnell an Profil, vergleicht man die Skulptur Vénus de Milo aux tiroirs (Venus von Milo mit Schubladen 1936) von Salvador Dali mit der nur zwanzig Jahre später entstandenen Lithographie Vénus et l'Amour, d'après Lucas Cranach l'Ancien (Venus und der Amor, nach Lucas Cranach dem Älteren 1957) von Pablo Picasso. Natürlich sind beide Künstler in ihrem Schaffen verschieden, doch eröffnet allein die Wahl des Materials Möglichkeiten, die ein anderes nicht bietet. So wirken etwa die Schubladen in einer Plastik völlig anders, als dies auf einer Leinwand der Fall wäre. Doch selbst innerhalb des gleichen Mediums eröffnen sich massive Verschiebungen durch die Wahl bestimmter

Abb. 10: Pablo Picasso, Vénus et l'Amour, d'après Lucas Cranach l'Ancien, 1957

Formen. Ein Gedicht ist keine Kurzgeschichte, selbst wenn sie sich beide mit den Folgen des zweiten Weltkriegs auseinandersetzen. Was wir bei der Rezeption dieser verschiedenen Kunstformen vollkommen automatisch anwenden, gilt auch für biblische Texte. Denn die Bibel als ganze, aber auch viele biblische Bücher in sich stehen einer Tageszeitung mit Blick auf die Vielzahl der verwendeten Textsorten in nichts nach. Politische Analysen, Sterbefallanzeigen, Feuilleton, Interview, Kommentar, Kleinanzeigen – wir erkennen ganz automatisch, um was für ein Format es sich handelt, oft auch ohne intensives Lesen oder Blick auf die Einteilung der Zeitung. Es handelt sich hier nicht um individuelle, sondern **typische schriftliche Äußerungen (Gattungen)**, also Texte, die einem bestimmten Textbildungsmuster folgen. Auch im Kleineren gibt es solche typischen Zusammenstellungen von Wörtern und Ausdrücken (**Formeln, geprägte Wendungen**), die auf einen großkulturellen Zusammenhang oder bestimmte Vorstellungsgehalte innerhalb einer Trägergruppe hinweisen. Diese typischen Formate können und müssen natürlich individuell gefüllt und adaptiert werden, sie werden aber eben nicht jedes Mal neu erfunden. Der Aufbau und die Formmerkmale unterschiedlicher Textsorten erleichtern uns das Einordnen und Verstehen von Texten, von deren Sinn und Ziel. Klar ist aber auch: „Gattungen gehören zum kulturellen Marschgepäck."[40] Das heißt, unterschiedliche Textsorten funktionieren immer in unterschiedlichen kulturellen Kontexten und zu bestimmten Zeiten. Für unseren eigenen Kontext können wir das recht intuitiv einordnen, für andere brauchen wir Handwerkszeug. Hier setzt die Formkritik an:

---

40 Martin Ebner/Bernhard Heiniger, *Exegese des Neuen Testaments. Ein Arbeitsbuch für Lehre und Praxis*, Paderborn/Stuttgart ⁴2018, 183.

⚲ **Die Formkritik arbeitet die sprachliche Eigenart eines Textes, also seine kulturell geprägten Textbildungsmuster (Gattungen) und feststehenden Ausdrücke (Formeln, geprägte Wendungen und Schemata) heraus und stellt diese Muster in den Kontext ursprünglicher und jetziger Verwendungszusammenhänge. Ziel ist es, durch eine möglichst genaue Bestimmung, die impliziten Signale für die biblischen Texte übersetzen zu können.**

Für die Predigt oder auch andere kirchliche Auslegungskontexte ist die Beschäftigung mit der geprägten Form deswegen unbedingt weiterführend, weil sie manchmal wesentliche Bahnen für das Verstehen eines Textes legt.[41] Wer eine Satire nicht als solche erkennt und nur nach dem Wortlaut geht, verpasst das Wesentliche. So wie uns eine Zeitungsglosse per se vermittelt, dass es hier nicht um eine ausgewogene und möglichst umfassende Auseinandersetzung mit einem Problem geht, so will es ein Gleichnis auch nicht.

Die Arbeit an der Gattung ermöglicht in einem zweiten Schritt aber eben auch konkrete Anstöße zur Weiterarbeit mit Blick auf Predigtsprache, Predigtformate sowie religionspädagogische Methoden. Gerade im Bewusstsein, dass es sich um kulturell geprägte sprachliche Äußerungen handelt, kann man z.B. auf die Suche nach heutigen Äquivalenten oder Gesprächspartnern der Formen begeben. Was passiert beispielsweise, wenn die Frau Weisheit aus dem Sprüchebuch (Spr 8,22–36 (Jubilate/I)), das im Kontext der höfischen Erziehung genutzt wurde, auf moderne Ratgeberliteratur oder Bildungspläne trifft?

⌕ Bestimmen Sie doch einmal die Gattung ihres nächsten Predigttextes. Ist es eine Wundergeschichte? Eine Heldensage? Ein Gleichnis? Eine Klage? Versuchen Sie sich der Funktion anzunähern, indem sie Sätze bilden, wie z.B. „Wenn ich eine Klage höre, löst das beim Hören/Lesen folgendes in mir aus: …".

💡 Nehmen wir z.B. Apg 2,41–47 (7. S.n.Tr./V), den bekannten Abschnitt über die Urgemeinde in Jerusalem. Hierbei handelt es sich um ein Summarium, also einen Abschnitt, der das, was in verschiedenen Einzelerzählungen entfaltet wird, zusammenfasst und verallgemeinert. Wenn ich ihn lese, kommt mir schnell der Gedanke „Na, da wird die Vergangenheit aber ganz schön

---

[41] So bereits Thomas G. Long, *Preaching and the Literary Forms of the Bible*, 1989.

durch die rosa Brille gesehen …" Lese ich dann jedoch ein bisschen weiter und komme bis Apg 6,1–6, merke ich: Lukas weiß auch von Auseinandersetzungen. Ein Summarium ist eine Brille, mit der ich die roten Fäden in der Vergangenheit sehen möchte und sie quasi als ordentliches Knäuel aufgerollt übersichtlich an andere weitergeben will. Denn so können wir darüber reden, was auch unsere Gegenwart und Zukunft bestimmen soll. In Hinblick auf die Predigt stellt sich also die Frage: Welche Räume eröffnen sich in meiner Predigt, wenn ich mich auf diese Perspektive einlasse?

🖥 Einen guten Einstieg in die verschiedenen Gattungen und ihre Besonderheiten bieten: Art. „Gattungen/Textsorten (AT)" und „Erzählende Gattungen/Textsorten (NT)" (www.wibilex.de).

Wie wird's gemacht?

Beschreiben der individuellen Form und Wahrnehmung der Bestandteile

Die Grundlage der Formkritik stellt wie bei allen anderen Schritten der wissenschaftlichen Textauslegung, aber auch der Predigtvorbereitung die genaue Wahrnehmung des Textes und seiner Gliederung dar. Sie hilft dabei, den Text in seinem Aufbau und seinen einzelnen Bestandteilen in den Blick zu bekommen. Wichtige Marker zur Bestimmung einer Textsorte finden sich oft am Anfang und am Ende einer Texteinheit. So wie Märchen meist mit „Es war einmal …" beginnen, enden ätiologische Sagen (also Erzählungen, die erklären, warum es bestimmte Bräuche gibt oder warum manche Orte einen bestimmten Namen tragen) häufig mit „… bis auf diesen Tag". Um Formeln, geprägte Wendungen und geprägte Schemata aufzuspüren ist tatsächlich Intuition, also das Gefühl, etwas ganz Ähnliches schon an anderer Stelle gelesen zu haben, hilfreich. Schauen Sie doch mal in ihrem Material und verlassen Sie sich dabei auf Ihre Intuition, die hier meist am weitesten führt: Haben Sie so etwas (oder etwas so Ähnliches) schon einmal gelesen? Anschließend lohnt es sich, mit Hilfe von Konkordanzen oder den verschiedenen Bibelsoftwareprogrammen diesen Spuren nachzugehen.

Die meisten, die eine Todesanzeige schreiben, greifen auf bestimmte Gestaltungselemente zurück. Manche weichen auch aber an der ein oder anderen Stelle ganz bewusst davon ab, greifen nicht alle möglichen Gestaltungselemente auf und setzen so einen besonderen Fokus. Das wird aber nur deutlich, wenn man sich vergleichbare Texte anschaut. Dieser Vergleich schärft das Profil des Textes, mit dem man gerade arbeitet und zeigt, was dem Autor besonders wichtig war, indem beispielsweise ein Gattungselement besonders ausgebaut oder auch mit der Konvention gebrochen und etwas ausgelassen wird.

Vergleichstexte können 1) innerhalb der eigenen Tradition, also im biblischen Kanon, oder 2) innerhalb der literarischen Kultur gesucht werden, in der die Texte entstanden sind.

1) Der Vergleich mit anderen biblischen Parallelen lässt sich auch in der Predigtvorbereitung leisten und ist im Vorgehen einem kurzen synoptischen Vergleich ähnlich.

> 💡 Nehmen wir zum Beispiel die Heilungsgeschichte aus Mk 7,31–37 (12. S.n. Tr./III). Sicher fallen Ihnen noch zahlreiche andere Heilungsgeschichten ein. Suchen sie sich eine heraus und vergleichen Sie beide im Aufbau. Punktuelle Abweichungen können bereits wesentliche Anstöße zur Predigt liefern.

2) Der Vergleich mit anderen antiken Texten ist natürlich deutlich aufwändiger und auch schwieriger. Gute Kommentare und Predigtvorbereitungsliteratur gehen punktuell diesen Spuren nach.

> Einige Texte sind mittlerweile dauerhaft online zugänglich. Neutestamentliche Vergleichstexte findet man in Auswahl hier:
>
> *Siegener Antike Texte zur Umwelt des Neuen Testaments* (www.uni-siegen.de/phil/kaththeo/antiketexte/)

Die Form und ihre Passung

Die Gattung und Form eines Textes wecken bestimmte Erwartungen in uns. Wer im Programmablauf das Stichwort „Grußworte" erblickt und den ersten Redner am Pult mit „Meine sehr verehrten Damen und Herren, sehr geehrter Herr Oberkirchenrat, liebe Frau Dekanin XY, lieber Herr Stellvertreter Dr. YZ …" ansetzen hört, stellt sich innerlich auf eine halbstündige Rede ein. Umso erstaunlicher, wenn dann folgt „… Ich wollte nur noch einmal sagen: Danke! [Abgang]". Mit der Erwartung wird gebrochen. Das tun die biblischen Autoren auch immer wieder. So fehlt bspw. im Galaterbrief die eigentlich typische Danksagung für die Existenz und Beschaffenheit der Gemeinde im Anschluss an den Briefkopf (Präskript) (Gal 1,6–10 (Sexagesimae/WT)), was unterstreicht, wie aufgebracht Paulus wohl wirklich war. Dieser Überraschungseffekt funktioniert allerdings nur, wenn man mit der Gattung vertraut ist. Theolog:innen können aufgrund ihrer Ausbildung für sich den Überraschungseffekt rekonstruieren, in die Gemeinde lässt er sich aber nicht einfach übermitteln. Will man den Effekt innerhalb eines Bibeltextes in der Predigt aufnehmen, bedarf es der Verstärkung, Übersetzung oder Explikation. Am Beispiel aus dem Galaterbrief oben ließe sich also überlegen, wie der biblische Text und seine Kommunikationslinien textlich ergänzt und damit verstärkt werden könnten, damit die Gemeinde selbst den im biblischen Text ja nur in wenigen Versen vollzogenen Gattungsbruch miterleben kann. Wie wäre es zum Beispiel, die Publikumsbeschimpfung von Peter Handke[42] auf die Kanzel zu übersetzen und damit die Predigt zu eröffnen – das Risiko und die Chance, die Gemeinde so vor den Kopf zu stoßen wie Paulus die Galater inbegriffen.

---

42 Bei der Publikumsbeschimpfung handelt es sich um ein Theaterstück, das 1966 uraufgeführt wurde. Es wird im Wesentlichen nur gesprochen, nicht gespielt und sich somit reflexiv mit dem Theater und seinen Zuschauer:innen auseinandergesetzt. Das Stück endet in der Beschimpfung der Anwesenden.

♀ Jon 4,1–11 (3. S.n.Tr./V): in V. 2b zitiert Jona die sogenannte „Gnadenformel", die sieben Mal in sehr ähnlichem Wortlaut (Ex 34,6f; Ps 85,15; 103,8; 145,8; Joel 2,15; Neh 9,17) und über 20 mal in Anspielungen im AT aufgegriffen wird.

🔎 Wählen Sie sich zur Jonastelle noch zwei weitere Belegstellen aus und finden Sie heraus, in welchem Kontext und mit welchem „Grundton" die Gnadenformel hier verwendet wird.

✏ Lassen Sie nun Jona die dahinterstehenden Erzählungen nacherzählen oder die entsprechenden Psalmen singen – mit dem ihm ganz eigenen Zungenschlag.

Die Form und ihr Kontext

Der Alttestamentler Hermann Gunkel widmete sich am Beginn des 20. Jahrhunderts als erster intensiver der exegetischen Gattungsbestimmung. Dabei untersuchte er insbesondere Texte der Genesis, der Psalmen und der Propheten. Diese Textgruppen legten es besonders nahe, jeder Gattung einen bestimmten **Sitz im Leben**, also eine wiederkehrende Situation der mündlichen Überlieferung, zuzuordnen. Ein Hymnus wurde laut Gunkel also mutmaßlich beim Festkult im Heiligtum gesungen,[43] die Vätergeschichten der Genesis am nomadischen Lagerfeuer erzählt. Die Betonung der performativen Dimension der Texte war ein großes Verdienst dieser Grundannahme und die Frage nach ursprünglichen Überlieferungskontexten bereichert nach wie vor das Verständnis der Texte. Dennoch steht man dem großen Enthusiasmus, mit dem zielsicher die Sitze im Leben hinter den Texten gefunden wurden, mittlerweile etwas kritischer gegenüber. Lieder, Briefe, Einzelepisoden, Weisheitssprüche, Gerichtsreden und Jesuslogien sind *aufgeschrieben* worden. Briefe, Reisetagebücher und Annalen sind in einen größeren literarischen Zusammenhang eingebunden worden. Sie haben die ursprünglichen Grenzen ihrer Gattung verlassen und sind in anderen Kontexten verankert worden: Sie haben einen **Sitz im Buch** oder auch im Kanon. Ja, sie müssen nicht mal an eine bestimmte

---

43 Vgl. Hermann Gunkel/ Joachim Begrich, *Einleitung in die Psalmen. Die Gattungen der religiösen Lyrik Israels*, Göttingen 1933 (ND 1975).

„Aufführungssituation" gebunden gewesen sein, sondern können auch rein schriftlich existieren. Das hat auch unmittelbare Folgen für die Impulse, die die Formkritik in die Predigtpraxis geben kann.

Was wird daraus?

Den Kontext der Form inszenieren

Die Verortung in einem bestimmten ursprünglichen Erzähl- oder Verwendungskontext wird immer wieder in Predigten aufgegriffen. Sie bietet sich vor allem an, um zunächst die Differenz der Lebens- aber auch religiösen Welt von heute und damals zu markieren. Denn mal ehrlich: Wenn ich höre, wie die Menschen vor 3000 Jahren um das Lagerfeuer saßen und den Geschichten von Abraham, Isaak und Jakob lauschten und darin ihre Ursprünge und eine tiefe Wahrheit fanden, dann ist das so ähnlich, wie wenn ich mir eine Dokumentation darüber anschaue, wie Menschen von den Bildern Claude Monets ergriffen sind. Im besten Fall habe ich Lust, die Bilder selbst einmal zu sehen! Diese Art und Weise, den „ursprünglichen" Sitz im Leben in der Predigt zum Klingen zu bringen, trägt die Gefahr in sich, stark zu romantisieren (Stichwort: Lagerfeuerromantik) oder künstliche historische Szenarien zu entwerfen, durch die den Hörer:innen der Zugang zum Text jedoch eher erschwert wird. Damit wir uns nicht falsch verstehen: Es wäre schon viel damit gewonnen, wenn man nach der Monet-Dokumentation Lust hätte, die Bilder selbst zu sehen und nach der Predigt das Bedürfnis, intensive Erfahrungen mit den Geschichten zu machen! Eine gute Inszenierung kann das leisten und muss auch gar nicht mehr wollen. Der erzählerische Aufwand ist allerdings entsprechend hoch. Geglückt ist er meist dann, wenn es gelingt, das entworfene Bild mit Erfahrungen der eigenen Erfahrungswelt zu versprechen. Das ist ein Akt der Konstruktion und dieses Konstruktionsgeschehen zu reflektieren, ist in Exegese und Predigt dringend notwendig. Darüber hinaus gilt wie bei allen anderen Methodenschritten mit Blick aufs Predigen: Holzschnittartiges vermeiden und lieber mal ein Detail ausarbeiten.

💡 Ps 24,1–10 (1. Advent/VI) gliedert sich in drei Teile. Eine schöpfungstheologische Eröffnung (V. 1f), eine sog. Einzugsunterweisung (V. 3–6) und die Kultprozession (V. 7–10). Die dialogisch gestaltete Liturgie der Kultprozession ist auf dem Hintergrund der altorientalischen Praxis zu verstehen, dass Götter(statuen) an bestimmten Festtagen aus ihrem Tempel auszogen, sprich: in einer Prozession durch die Stadt getragen wurden und anschließend wieder dorthin zurückgebracht wurden.

Ps 24 (LU 2017)

1 Die Erde ist des HERRN und was darinnen ist, der Erdkreis und die darauf wohnen.
2 Denn er hat ihn über den Meeren gegründet und über den Wassern bereitet.
3 Wer darf auf des HERRN Berg gehen, und wer darf stehen an seiner heiligen Stätte?
> 4 Wer unschuldige Hände hat und reinen Herzens ist, wer nicht bedacht ist auf Lüge und nicht schwört zum Trug: 5 der wird den Segen vom HERRN empfangen und Gerechtigkeit von dem Gott seines Heiles.

6 Das ist das Geschlecht, das nach ihm fragt, das da sucht dein Antlitz, Gott Jakobs. Sela.
7 Machet die Tore weit und die Türen in der Welt hoch, dass der König der Ehre einziehe!
> 8 Wer ist der König der Ehre?

Es ist der HERR, stark und mächtig, der HERR, mächtig im Streit.
9 Machet die Tore weit und die Türen in der Welt hoch, dass der König der Ehre einziehe!
> 10 Wer ist der König der Ehre?

Es ist der HERR Zebaoth; er ist der König der Ehre. Sela.

💭 Versetzen Sie sich in diese Szenerie. Konzentrieren Sie sich auf einen Sinn: Was hören Sie? Was sehen Sie? Was riechen Sie? Was spüren Sie? usw.

✏️ Entwickeln Sie daraus eine kleine Sequenz. Nehmen Sie sich zum Abfassen ein Zeitfenster von höchstens 30 Minuten.

💡 Die Einzugsunterweisung setzt voraus, dass Menschen sich für solche besonderen Festtage, zu denen sie eigens in die Tempelstadt pilgerten, äußerlich wie innerlich vorbereiteten.

> ✏ Gehen Sie auch hier kleinschrittig vor: Legen Sie eine Liste mit 10 Handlungen an, die zur Vorbereitung auf dieses gesellschaftliche und liturgische Event ausgeübt werden. Beginnen Sie dafür bei ganz pragmatischen Überlegungen der Organisation und gehen dann zu genuin religiösen Stichpunkten vor.

Durch den Sitz im Kanon haben die Einzeltexte auch ganz neue „Sitze im Leben" erobert: die jüdische und christliche Glaubenspraxis in Liturgie, Bildung und Kunst, aber auch profane Mietshäuser. Die christliche Kirche ist eine der Erzählgemeinschaften der Exodusgeschichte. Die Jesusworte werden heute in den Gemeinden vor Ort weitergegeben und erinnert. Es stellt sich also die Frage, ob es sinnvoll ist, wenn Predigten immer wieder aufs Neue frühere Erzählgemeinschaften beschreiben, wenn Kirche selbst schon Erzählgemeinschaft ist. Und so wird die Frage nach Form und Material eine Frage der Performance. Wie können wir biblische Texte gattungsgemäß mit Leben füllen? In welchen Formaten können die großen Erzählungen unter uns erzählt werden? Ist das Wechselgebet der Psalmen im A-Teil des Gottesdienstes tatsächlich die bestmögliche Aufnahme dieser starken Texte?

> 💡 Ein prominentes Beispiel: 2. Tim 1,7–10 (16. S.n.Tr./II) hat seinen Sitz im Leben in Tauf-, Konfirmations- und Traugottesdiensten landauf und landab gefunden.
>
> ✏ Erzählen Sie von einem Gottesdienst, für den Eltern, Ehepartner oder Konfirmand:innen diesen Spruch gewählt haben. Erzählen Sie die Geschichten der Paare, Konfis, Eltern, die sich diesen Spruch ausgesucht haben und was diese damit verbinden oder lassen Sie sie selbst zu Wort kommen. Oder: Erzählen Sie vom Sitz des Verses in Ihrem eigenen bisherigen Leben.
>
> Zweiter möglicher Schritt: Kontrastieren oder ergänzen Sie diese Sequenz oder Skizze nun durch eine, in der das Anliegen der eigentlichen Gattung des Abschnitts 2. Tim 1,3–18, einer persönlichen Mahnrede, herauskommt.

Weiterarbeiten mit der Form

Eine weitere Möglichkeit sich von der formgeschichtlichen Fragestellung anregen zu lassen, ist sich von den biblischen Texten zu alternativen Sprach- und Textformen anregen zu lassen. Die genaue Wahrnehmung der Textbildungsmuster und Gattungen biblischer Texte bietet ein großartiges Sprungbrett für die Predigtgestaltung. Die Predigtsprache ist in den vergangenen Jahren vielfältiger geworden, in Anlehnung an die biblischen Texte oft auch bildreicher, detailverliebter und poetischer. Doch gerade mit Blick auf Gattungen gibt es noch einiges auszuprobieren.

> ✏ Greifen Sie die Form auf, die im Material angelegt ist!
>
> Kol 3,12–17 (Kantate/IV): Paränese (Rat/Ermahnung) – Schreiben Sie eine für Ihre Gemeinde! *[Klassischer Aufbau einer Paränese: Zuspruch des Heils – Folgerung im Handeln]*
>
> Jer 1,4–10 (9. S.n.Tr./II): Berufungsgeschichte – Erzählen Sie, wie Sie zu dem gekommen sind, was Sie tun. Vielleicht oder vermutlich gab es für Sie nicht das eine Berufungserlebnis. Bedienen Sie sich bei Ihrer Rückschau dennoch der klassischen Formelemente, stellen Sie diese jedoch nach Bedarf um, duplizieren oder streichen Sie andere. *[Klassischer Aufbau: Angabe der Umstände – Ruf Gottes und Auftrag – Einwand der Berufenen – Gott entkräftet den Einwand]*
>
> ♥ Bei welchen Gattungen fühlen Sie inneren Widerstand beim Schreiben? Warum? Wo formulieren Sie auf welche Weise vorsichtiger, schärfer, …? Gäbe es ein modernes Äquivalent zur antiken Textsorte?

Das Spiel mit den Formen

Auch der Kontrast von Textsorten kann in der Predigt genutzt werden. Warum nicht Holz und Metall kunstvoll miteinander kombinieren oder Stoff und Papier? Die narrative Einbettung oder Übersetzung abstrakter oder stark argumentativer Texte ist ein geeignetes Mittel, um eine Ebene zu schaffen, der die Hörerinnen gut folgen können. Sie hat sich daher schon breit in der Predigtpraxis bewährt. Doch wir glauben: Da gibt es noch mehr Kombinationsmöglichkeiten.

> ✏ Kontrastieren und kombinieren Sie doch mal folgende Textsorten:
> - **Klagelied** (Klgl 5,1–22 (10. S.n.Tr./IV)) + **Heimatlied** (wählen Sie hier gern ein bekanntes Volkslied wie „Kein schöner Land" o.ä. oder ein anderes Lied, das das Thema Heimat aufgreift, z.B. „Motherland" von Natalie Merchant)
> - **Briefkopf/Proömium** (Röm 1,1–7 (Christfest II/I)) + **Bewerbungsschreiben**
> - **Prophetische Anklage** (Am 5,21–24 (S.v.d. Passionszeit/VI)) + **Erziehungsratgeber**
> - **Gleichnis** (Mt 20,1–16 (Septuagesimae/II)) + **Sprichwörter** (suchen Sie nach 2 – 3 Sprichwörtern, die im Laufe des Gleichnisses zur Geltung kommen könnten)
> - **Heilungsgeschichte** (2. Kön 5,(1–8)9–15(16–18)19a (3. S.n.Ep./VI)) + **Arztbrief** (Schreibhilfen dafür finden Sie im Internet)

Neuerfinden in der Form

Schließlich gilt es, Folgendes zu bedenken: Unsere Verkündigung soll vieles – aufrütteln, anstoßen, trösten, zum Handeln bewegen und zum Aufhören auch, von Gott reden, aber auch von den Menschen. Bei all dem ist es aber vor allem wichtig, dass sie verstanden wird. Und das gelingt am besten, wenn sie sich souverän in den Sprachformen unserer Zeit bewegt. Damit ist nicht nur das „dem Volk aufs Maul geschaut" hinsichtlich von Vokabular und Satzbau im Blick, sondern auch, welche sprachlichen Formen und Formate alltagsnah und zeitgemäß sind. Je vertrauter die Form ist, in der etwas ausgesprochen oder erzählt wird, desto mehr „Aufmerksamkeitsenergie" bleibt für die inhaltliche Dynamik. Die Formgeschichte verweist uns an genau diesen Großzusammenhang: Was sind die Sprachformen unserer Zeit? Für wen und wo finden wir sie? Wer hört oder liest was mit, in welchem Kontext und mit welchen Erwartungen?

> 🔍 Gehen Sie für sich selbst vielleicht mal den gestrigen Tag (oder die letzten ein bis zwei Wochen) durch. Wo haben Sie Texte bewusst oder nebenbei gehört oder gelesen? Welche Wirkung erzielen sie?
>
> Wenn es Ihnen hilft, nutzen Sie diese Liste als Anregung:
> - Nachrichten (Audio, Video, schriftlich)

- Zeitung
- Blogeintrag
- Artikel in themenorientierten Zeitschriften
- persönliche Einträge auf Social Media
- Werbung
- Fachliteratur
- Podcast
- Belletristik (gebunden oder im e-format)
- Einladung
- Beipackzettel
- Rechnung
- Speisekarte
- …

✎ Wählen Sie nun eine Gattung, die Ihnen besonders herausfordernd und deswegen besonders reizvoll erscheint, und formulieren Sie eine Predigtsequenz zu 2. Kor 4,14–18 (Jubilate/VI) im entsprechenden Stil.

🖥 Wer Freude daran hat, kann auch mit dem Chatbot ChatGPT (https://chat-gpt.org/) von OpenAI experimentieren. Geben Sie ChatGPT doch mal eine Schreibaufgabe mit Stilvorgabe!

Skizzen aus der Praxis: Weiterarbeiten an und mit der vorgegebenen Form

Eine Predigt zu Apg 16,9-15 (Sexagesimae/I):[44] *Der Predigtanfang greift das Gattungsspezifische der zugrunde liegenden Perikope auf, nämlich dass sie zu den wenigen Wir-Passagen der Apostelgeschichte gehört, die sich inhaltlich an die Form des Reise-Itinerars anlehnen. Er formuliert daher eine Art Reisetagebucheintrag. Dadurch wird der Blick auf den dazugehörigen Kontext geweitet und die anschließende Begegnung mit Lydia profiliert.*

---

44 Predigt von Ann-Kathrin Knittel, gehalten am 24.02.2019 in der Michaelskirche in Eberbach.

Wir schreiben das Jahr 50. Wir lagern in Troas, eine Gegend auf dem Landzipfel südlich des Hellespont, der schmalen Meerenge zwischen ägäischem Meer und Marmarameer. Hinter uns liegen vernichtende Monate. Schon vor Beginn der Reise das Zerwürfnis mit den anderen. Jetzt sind wir ohne Barnabas unterwegs, weil der wiederum nicht ohne Markus fahren wollte. Ich kann Paulus schon verstehen: auf der ersten Reise hat Markus nicht gerade durch Beständigkeit geglänzt und man muss sich auf alle Mitarbeiter verlassen können. Aber zu sagen „Wenn Markus mitkommt, könnt ihr ohne mich gehen" war vielleicht auch doch wieder ein bisschen zu konsequent. Paulus-konsequent. Der einzige Glücksgriff all dieser Monate ist Timotheus, der uns seit Lystra begleitet. Er bereichert unser Team; mich zumindest erinnert er an meine eigene Anfangszeit – voller Begeisterung und Motivation. „Der Herr wird über seinem Wort wachen, dass er's tut (Jer 1,12)" sagt er mit einem Leuchten in den Augen. Ja, ja, schön und gut. An manchen Orten ist die Botschaft von Jesus auf fruchtbaren Boden gefallen, wobei man ja auch sagen muss, dass eine Hand voll Leute, die sich uns anschließen, schon als großer Erfolg gelten. Aber an anderen Orten sind die Herzen verschlossen, wie Erde, über die zu viele drübergetrampelt sind – mit Versprechen von einem besseren Leben. In den letzten Monaten aber sind wir nicht mal wirklich zum „aussäen" gekommen. Hätte mir früher jemand erzählt, dass wir mit Hindernissen zu kämpfen haben, hätte ich abgewinkt und entgegnet, dass das schon sein kann, aber dass man mit der richtigen Strategie und ein bisschen Vertrauen auf Gott diese Hürden schon nehmen wird. Doch nun dieses ganze fruchtlose Hin- und Her seit mehreren Monaten. Eigentlich wollten wir in die Provinz Asia in den Westen Kleinasiens – Pustekuchen. Der Plan, nach Bythinien an der Nordküste zu reisen und dort das Wort des Herrn zu verkünden, ist auch gescheitert. „Der Herr führt uns krumme Wege, aber der Herr führt uns!", sagt Paulus hin und wieder lachend, wenn ich meinen Unmut kaum noch im Zaum halten kann. Das ist genauso tröstlich wie „Gott schreibt auf krummen Linien gerade." – wenn man mitten auf der krummen Linie ist, nämlich gar nicht so richtig. Jetzt sitzen wir in Troas und damit doch an der Westküste Kleinasiens. Im Rücken das Gebirge, vor uns das Meer. Schön ist es ja, aber geplant war das so nicht. [...]

Phil 2,5-11 (Palmsonntag/VI):[45] *Die Predigt nutzt die Erkenntnis, dass es sich beim Predigttext um einen Hymnus handelt zur Rahmung der Predigt und ihrer liturgischen Verzahnung im Gottesdienst. Abgedruckt sind Anfang und Schluss der Predigt.*

Liebe Schwestern und Brüder,

vielleicht muss man wirklich singen, wenn man's recht fassen will und recht glauben. Lesen und hören *und singen* wie die Gemeinde damals!
Ein urchristliches Lied ist es, ein Christus-Hymnus, den Paulus in seinem Brief an die Gemeinde in Philippi überliefert. Verdichtet ist die Form, streng der Rhythmus, parallel gebaut die einzelnen Verse, hoch gestimmt die Sprache.
Die Melodie ist nicht überliefert, so dass unsere Töne zum alten Lied gefordert sind (und das ist ja gut so).
So muss man wirklich singen, heute wie damals: singen von Christi Hoheit und seiner Entäußerung und seiner Niedrigkeit und wie Gott ihn erhöht hat. Wirklich singen, als ein gesungenes Bekenntnis zu Christus:
[Nach Möglichkeit a-capella-Gesang in der Predigt aus EG 184:]

„den Sohn, der annimmt unsre Not, / litt unser Kreuz, starb unsern Tod. / Der niederfuhr und auferstand, / erhöht zu Gottes rechter Hand, / und kommt am Tag, vorherbestimmt, / da alle Welt ihr Urteil nimmt."
Wirklich singen, wie wir gerade das Bekenntnis unseres Glaubens gesungen haben: Von der Niedrigkeit Christi, der annimmt unsre Not; und von Gott, der ihn darum erhöht zu seiner rechten Hand.

[...]

Genau das wäre, das *ist* das Leben, wie es der Gemeinschaft mit Jesus Christus entspricht.
Und zugleich wissen wir: Wenn man das ernst nehmen, recht so leben und glauben will, dann genügen Argumente nicht. Dann genügt es nicht, zu reden und zu hören und nachzudenken. Sondern dann müssen

---

45 Predigt von Reinhardt Brandt, gehalten an Palmarum 2010, https://www.theologie.uzh.ch/predigten/altepredigten/predigt.php?id=2168&kennung=20100328de (05.03.2023).

wir einbezogen sein in die Gemeinschaft. Wenn man es recht glauben und so leben will, dann muss man singen.

Schade, dass es eine genaue Liedfassung jenes urchristlichen Hymnus nicht in unserem Gesangbuch gibt. Aber Lieder gibt es, die Christi Weg nachzeichnen und uns singend mitgehen lassen, damit wir es glauben und verstehen.

Ein solches Lied lassen Sie uns nun singen: O Mensch, „Halt im Gedächtnis Jesus Christ, / ..., der auf die Erden / vom Thron des Himmels kommen ist, / dein Bruder da zu werden!"

Und der Friede Gottes bewahre uns in Niedrigkeit und Hoheit - in Christus Jesus. *(Amen.)*

Gemeinde singt im Anschluss EG 405,1–6

Predigt und Exegese – in guten und in bösen Tagen

Wer ein Praxisbuch vorlegt, das sich mit dem Thema Predigt und Exegese beschäftigt, und danach fragt, wie diese beiden sich gegenseitig bereichern können und füreinander fruchtbar werden, kommt um zwei Fragen nicht herum: 1) Ist der Ausgangspunkt eines solchen Projektes in den Blick zu nehmen – konkret die Frage danach, warum es ein solches Buch noch nicht gibt, wo sein Sinn und Zweck nach Einschätzung der Autorinnen doch auf der Hand liegt, 2) gilt es zu klären, ob es um das Verhältnis von Exegese und Predigt, in diesem Falle auch der Predigttheorie, schon immer so bestellt war, wie wir es gegenwärtig wahrnehmen. Anhand von historischen Streiflichtern, einer Analyse homiletischer Einleitungsliteratur sowie dem Verweis auf gegenwärtige homiletische Literatur soll diesen Fragen im Folgenden aus homiletischer Perspektive nachgegangen werden. Den genannten Fragestellungen liegen die zentrale Annahme und Beobachtung zu Grunde, dass die Predigt (noch immer) in einer Krise steckt – zumindest was ihre Beziehung zu ihrer alten Partnerin, der Exegese, angeht. Denn was Gerd Theißen bereits 2001 attestierte,[46] ist auch noch heute zu beobachten: Predigt und Exegese stecken in einer tiefen Beziehungskrise. Die jahrzehntelange (vermeintlich) feste Allianz löste sich in den vergangenen Jahrzehnten zusehends auf und entfremdete sich stetig.

---

46 Vgl. Gerd Theißen, *Exegese und Homiletik. Neue Textmodelle als Impulse für neue Predigten*, Uta Pohl-Patalong/Frank Muchlinsky (Hg.), Predigen im Plural. Homiletische Perspektiven, Hamburg 2001, 55–67.

Doch bemerkenswerter Weise wird nur vereinzelt versucht, diesem Phänomen entgegenzuwirken. Dies gilt (bis auf wenige Ausnahmen) sowohl für den Fachbereich der Predigtlehre, der Homiletik, als auch für die exegetischen Fächer. Ja, es entsteht bisweilen der Eindruck, dass die Beziehungskrise von den einzelnen Partnerinnen gar nicht als solche wahrgenommen wird. Das liegt bei der aktuellen Ausbildungssituation auch durchaus nahe, denn hier scheint die Welt noch *in Ordnung* zu sein. So wird in exegetischen Proseminaren meist im Zuge der hermeneutischen Methoden auch ein Blick auf mögliche Predigtimpulse, die aus der wissenschaftlichen Erschließung der Texte resultiert, gewagt. Umgekehrt wird in homiletischen Hauptseminaren die exegetische Erschließung des Textes ganz selbstverständlich eingebunden. Doch die pfarramtliche Praxis, in der sich ebendiese Studierenden Jahre später wiederfinden, zeichnet ein gänzlich anderes Bild: (Implizite) Exegese in der Predigt oder Hinweise darauf zu suchen, dass eine solche in der Predigtvorbereitung stattgefunden hat, ist meist vergebens.[47] Die Selbstverständlichkeit des Vorgehens im Studium scheint längst nicht mehr aktuell zu sein. Ein Blick in die Fort- und Weiterbildungen im Pfarramt bestärkt diesen Eindruck: Fortbildungen zum Thema „Exegetisch Predigen" oder „Predigt und Exegese" finden sich nur vereinzelt und auch das Anliegen des vorliegenden Buches wirkt angesichts von Fortbildungsangeboten, die sich (seit den sechziger Jahren des letzten Jahrhunderts) primär mit der Performance und der Sprache der Predigt beschäftigen, wie aus der Zeit gefallen. Dabei kommt unserer Meinung nach der Verbindung von Predigt und Exegese auch heute noch ein enormes predigtschöpferisches Potential zu, das keinesfalls antiquiert ist und deren Wiederbelebung, z.B. in Form dieses Praxisbuches, sich lohnt.

---

47 Vgl. Christine Wenona Hoffmann, *Homiletik und Exegese. Konzepte von Rechtfertigung in der evangelischen Predigtpraxis der Gegenwart* (APrTh 75) Leipzig 2019, bes. 349–359 sowie bereits Klaus-Peter Jörns, *Exegese und Homiletik. Erwägungen zu einem schwieriger gewordenen Verhältnis*, in: PTh 79 (1990), 10–26, 11.

Doch bevor mögliche Therapieansätze diskutiert werden können, gilt es zunächst, kurz die Genese dieser besonderen Beziehung von Predigt und Exegese darzustellen und auf ihre *glücklichen* Zeiten zu schauen:

Die Geschichte einer großen Liebe[48]

Anders als vielleicht vermutet ist die Beziehung von Predigt und Exegese kein Urgestein der Theologiegeschichte. Sie ist – für theologische Zeitrechnungen – verhältnismäßig jung und hat trotzdem schon viele Höhen und Tiefen erlebt. Ihr Beginn war intensiv und leidenschaftlich und wurde durch Jahrhunderte des kontrollierten und geregelten Kontakts vorbereitet, bzw. getragen, die darauffolgenden Verletzungen und Kränkungen waren vielleicht gerade deswegen umso tiefer.

So wurde die jahrhundertealte Orientierung der Predigt am biblischen Text erst im Zuge der Liberalen Theologie des 19. Jahrhunderts auf ganz konkrete exegetische Texterkenntnis, wie wir sie heute verstehen, hin zugespitzt. Es waren Theologen wie Friedrich Niebergall, die sich darum bemühten, den Text aus seiner historisch-kritischen Verortung heraus für die Predighörenden fruchtbar zu machen. Doch dieses „Primat der Exegese", welches die unangefochtene Zentralstellung des Textes proklamierte, sollte nicht lange in dieser Ausschließlichkeit bestehen bleiben. Verständlich war dies durchaus, da das „Primat der Exegese" häufig zu einem Diktat der Exegese führte, die den vermeintlich einen und einzigen Skopus des Textes vorlegte, den die Predigenden dann für die Gemeinde zu übersetzen hatten.

---

48 Die folgenden Ausführungen kondensieren teilweise bereits unter Christine Wenona Hoffmann, *Wie hast du's mit der Exegese? Die historisch-kritische Exegese als Bezugspunkt und Chance der Predigtpraxis*, in: PTh 112 (2023), 123–137 publizierte Überlegungen. Zudem ist hier auf die einführenden Ausführungen von Johannes Greifenstein, *Homiletische Bibelauslegung als praktische Hermeneutik. Einführung*, Ders. (Hg.), Predigt als Bibelauslegung. Praktische Hermeneutik in interdisziplinären Perspektiven, Tübingen 2022, 1–21 zu verweisen.

… und deren Schwierigkeiten

Zudem attestierten und kritisierten besonders Vertreter der Dialektischen Theologie eine zunehmende Abwendung der Exegese von der Gegenwart und dem konkreten Kontext. Diese durchaus berechtigten Einsprüche führten dazu, dass auch die Relevanz der Exegese für die Predigt zunehmend hinterfragt wurde.

Fortan rückten, unter der Federführung von Theologen wie Ernst Lange, andere Predigtfaktoren in den Fokus, die unter dem Begriff der „homiletischen Situation" das Feld neu bestellten und zunächst einen besonderen Schwerpunkt auf die Hörenden legten. An diesen und deren Lebenswelt solle sich die Predigt orientieren. Nach und nach wurden anstellen der Hörenden die Predigenden, der rhetorische Charakter bzw. die Sprachgestalt der Predigt sowie deren Wirkung in den Fokus gerückt. Diese Entwicklung ließ das Gewicht der biblischen Texte und erst recht das der wissenschaftlichen Auslegung derselben weiter in den Hintergrund treten. Praktisch-theologische Gesamtentwürfe/Einleitungen sowie zahlreiche Werke der gegenwärtigen homiletischen Einleitungsliteratur untermauern diese Beobachtung. Hier wird wissenschaftliche Exegese – wenn überhaupt – meist nur als Hilfswissenschaft und Vorarbeit zur Predigt verhandelt, nicht aber als gleichberechtigte Partnerin, deren Erkenntnisse unbedingt in die Predigt Eingang finden müssen. Vielmehr orientieren sich diese Werke zunehmend an anderen Wissenschaften und versuchen, sie für die Predigtentstehung fruchtbar zu machen. Ein Blick in (noch immer) gängige homiletische Einleitungen, die sich wohlgemerkt alle immerhin mit der Exegese beschäftigen und sich bereits damit von anderen unterscheiden, bestätigt dies:

Wenngleich fast 30 Jahre alt und vom soeben beschriebenen Eindruck abweichend, ist hier zunächst auf G. Theißens homiletischen Entwurf (1994)[49] zu verweisen. Für Theißen, der die Predigt als Auslegung der biblischen Tradition für die Gegenwart versteht (13), steht der Bibeltext als Basis der biblischen Zeichensprache im Zentrum seiner Homile-

---

49 Gerd Theißen, *Zeichensprache des Glaubens. Chance der Predigt heute*, Gütersloh 1994.

tik. Folglich verhandelt er diesen in fast allen Kapiteln seiner Monographie. Der Bibeltext bietet als offener Text eine große Fülle an Sinnpotential, welches insbesondere hinsichtlich der Sinndeutungsaktivität der Lesenden und Hörenden gefordert wird (50, 54). Besonders die Exegese dient dabei der Erhellung dieser Fülle, indem sie „immer wieder neue Zugänge zum Bibeltext eröffnet" und engagierte Lektüreformen zur Verfügung stellt (49, 64). Gerade eine methodisch saubere und disziplinierte Exegese verhindert laut Theißen die vorschnelle Vereinnahmung des Textes, da sich sämtliche Deutungen am konkreten Text überprüfen lassen und im Rahmen der biblischen Grundmotive vertretbar sein müssen. So kommt der Exegese im Predigtverständnis und der Homiletik Theißens eine wesentliche Funktion zu, die seine Forderung nach einem neuen Primat der Exegese in der Homiletik begründet.

Anders argumentiert M. Nicol in seiner Dramaturgischen Homiletik (2002),[50] in der die Predigt zum Ereignis des Wortes Gottes wird, welches gemeinsam zu erfahren und zu teilen ist. Da dieser Ansatz primär mit zu inszenierenden Spannungen arbeitet, die selbstverständlich auch im biblischen Text vorliegen, misst Nicol ebendiesem eine hohe Bedeutung zu. In diesem Kontext ist auch die Funktion der Exegese zu verstehen, die für den Ansatz als Hinweis auf innertextliche Spannungen bedeutsam ist. Die grundsätzliche Bewegung vom Ereignis zum Text und nicht vom Bibeltext zur Predigt (58f) schränkt den Wirkungskreis der Exegese allerdings trotzdem ein, da als wenig spannungsreich eingestufte Beobachtungen in der Predigt in diesem Modell unbeachtet bleiben.

Auch in W. Engemanns Predigtverständnis[51] kommt der Bewegung vom Ereignis zum Bibeltext zentrale Bedeutung zu, jedoch deutet er diese Bewegung im Sinne der Tradierung und Verschriftlichung der biblischen Geschehnisse selbst als Ereignis (4). In ihrer bibeltextlichen Gestalt nehmen ebendiese Geschehnisse und ihre Auslegung in Engemanns „Einführung in die Homiletik" (2002) viel Raum ein. Diese Bedeutung und Wertschätzung des Textes ist untrennbar mit Engemanns semiotischem Ansatz verbunden, der gleichzeitig die Offenheit der Predigt durch ihre

---

50 Martin Nicol, *Einander ins Bild setzen. Dramaturgische Homiletik*, Göttingen ²2005.
51 Wilfried Engemann, *Einführung in die Homiletik*, Tübingen ³2020.

stetige Ergänzungs- und Fortsetzungsfähigkeit erklärt. Aus diesem Grund ist der Text besonders gründlich in der Predigtvorbereitung zu konsultieren, stellt er doch die inhaltliche Kontinuität zwischen biblischer Überlieferung und zeitgenössischer Kommunikation des Evangeliums dar. Um die Gefahr des Redens *über* biblische Texte zu minimieren, entwickelt Engemann einen semiotischen Ansatz, in dem die Interpretanten einzelner Bedeutungsstrukturen der Predigt untersucht werden, womit der Exegese eine zentrale Schlüsselqualifikation für das Gelingen oder Scheitern einer Predigt zukommt (89). Die Exegese wird also als wichtige, ja zentrale Partnerin ernst und wahrgenommen. Trotzdem wird auch hier die Exegese lediglich als Filter- und Bewertungsinstrument in den Prozess des Predigtschaffens integriert. Direkte oder implizite Impulse sind nicht vorgesehen.

W. Gräb misst in seiner „Predigtlehre" aus dem Jahr 2013,[52] die die Predigt als „religiöse Lebensdeutung" (52) entfaltet, dem biblischen Text als einem von elf grundlegenden Aspekten „einer religionshermeneutischen Theologie und Praxis der Predigt" (119f) zwar zentrale Bedeutung zu. Die Verhandlung der Exegese als ein Punkt innerhalb von Gräbs texthermeneutischem Zugang kann allerdings nicht darüber hinwegtäuschen, dass der Schwerpunkt hierbei vor allem auf einer Deutung ebendieser Exegese im Sinne der „intentio operis" (127–141) liegt. Diese wiederum kommt nur dann zum Tragen und wird für die Predigt relevant, wenn sie zum Lebensgewinn von Predigenden und Predigthörenden beiträgt. Bietet die exegetische Begehung des biblischen Textes kein überzeugendes „Lebensdeutungsangebot" (57), beinhaltet sie für die Predigt keinen Mehrwert und bleibt in dieser folglich außen vor.

Analyse

Was also war passiert? Bereits ein schneller Blick in vier homiletische Entwürfe spiegelt die Entwicklung des Verhältnisses von Predigt und Exegese wider. Aus einer anfänglichen Bezogenheit, ja Fixierung aufeinander entfernten und entfremdeten sich die beiden Partnerinnen (mit

---

[52] Wilhelm Gräb, *Predigtlehre. Über religiöse Rede*, Göttingen 2013.

nur wenigen Versuchen der Annäherung) immer weiter voneinander. Die wellenartige Bedeutung, die die Exegese für die Predigt im Laufe der vergangenen 150 Jahre eingenommen hat, führte also zu einem Punkt, an dem beide Partnerinnen sich offensichtlich mehr für andere interessierten als ihre alte Verbündete. Dabei sind die Gründe für die gegenwärtigen Schwierigkeiten, mit denen das Paar „Predigt und Exegese" zu kämpfen hat, – wie so häufig in schwierigen Beziehungen – bei beiden Partnerinnen zu suchen.

Denn während sich die Predigtlehre rastlos auf der Suche nach Inspiration und Motivation in der Psychologie, Linguistik, Soziologie, Rhetorik sowie diversen Künsten zu befinden schien und dabei eine Modewelle nach der nächsten lostrat, lief die wissenschaftliche Exegese selbst Gefahr, die Relevanz ihrer detailreichen und vielstimmigen Analysen innerhalb der Theologie nicht mehr recht deutlich machen zu können und dabei selbst intensive Beziehungen mit anderen Altertumswissenschaften zu pflegen. Hinzu kommt, besonders in der deutschsprachigen Forschungslandschaft, dass es bislang weitgehend an Formaten fehlt, die exegetisch-wissenschaftliche Erkenntnisse niedrigschwellig und anschlussfähig aufbereiten.

Die Aporie liegt in der Verbindung beider Probleme begründet: Bietet sich die Exegese der Predigtlehre an und stellt ihre Erkenntnisse zur Verfügung, wirkt dies schnell diktatorisch, denn immerhin steht *das* ja im Text. Wendet sich die Exegese von gegenwartsrelevanten Fragen ab und zieht, wie Theißen es formuliert, eine riesige Hypothesenhalde über die Texte, unter denen diese verschwinden (49), kann die Predigtlehre damit verständlicherweise gar nichts anfangen. Sie wendet sich enttäuscht ab und gibt der Exegese gar nicht mehr die Chance, ihre Erkenntnisse fruchtbar zu machen. Allerdings lehrt die Erfahrung, dass die meisten Exeget:innen ihre Thesen dezidiert als *Diskussions*beiträge verstehen und um die *Offenheit* der biblischen Texte wissen. Die Scheu und Sorge davor, einander auf die Füße zu treten und die bisherigen Verletzungen noch zu vertiefen, scheint allerdings so groß zu sein, dass bisher größtenteils lieber auf Annäherungsversuche verzichtet wurde.

Ausblick

Erfreulicherweise verändert sich dieser Eindruck jedoch seit wenigen Jahren. So finden sich gegenwärtig Forderungen nach dem Einbezug und einer stärkeren Wahrnehmung exegetischer Erkenntnisse in der Predigt sowohl aus praktisch-theologischer Perspektive, als auch in exegetischen Publikationen und Projekten. In der Praktischen Theologie geschieht dies aktuell mit einem bibelhermeneutischen Schwerpunkt. Prominent anzuführen ist hier der Sammelband von Johannes Greifenstein,[53] der die Bibelauslegung im Sinne einer praktischen Hermeneutik aus interdisziplinären Perspektiven, in der auch die exegetischen Wissenschaften zur Sprache kommen, erschließt. Ähnlich der Sammelband von Sonja Keller und Kristin Merle,[54] der die Relevanz des Textbezugs für die Predigt multiperspektivisch ausleuchtet. Sehr viel praxisbezogener, aber genauso verbindend und versöhnend, ist der digitale Predigtkommentar „Exegese für die Predigt".[55] Wie eine konkrete Umsetzung wichtiger exegetischer Erkenntnisse aber konkret aussehen und stattfinden kann, wird in all diesen Formaten nicht oder nur vereinzelt erörtert.

Wenngleich es die Exegese in der Predigt noch immer schwer zu haben scheint, zeigen also die jüngsten Publikationen, dass die schwierige Beziehung von Predigt und Exegese durchaus und wieder im Blick ist und theoretisch, wie auch praktisch reflektiert und bearbeitet wird. Auch das vorliegende Buch ist als ein Farbangebot auf dieser Palette zu verstehen und versucht, die Beziehung von Predigt und Exegese durch ganz konkrete praktische Anschlüsse zu beleben und zu bereichern. Dabei nimmt es die Exegese als Beitrag zum Lebensgewinn wahr- und ernst, setzt Erkenntnisse aus der Dramaturgischen Homiletik kreativ um, versucht, die Ergänzungs- und Fortsetzungsfähigkeit der Texte für die Predigt fruchtbar zu machen und leistet damit bestenfalls (s)einen Beitrag dazu, dass Predigt und Exegese wieder zueinander finden.

---

53 Johannes Greifenstein (Hg.), *Predigt als Bibelauslegung. Praktische Hermeneutik in interdisziplinären Perspektiven*, Tübingen 2022.
54 Sonja Keller/Kristin Merle (Hg.), *Evangelisch Predigen. Konturen homiletischer Textbezüge*, Leipzig 2022.
55 www.bibelwissenschaft.de/efp/ (17.04.2023)

Zur Beziehungskrise zwischen Predigt und Exegese siehe:

Gerd Theißen, *Exegese und Homiletik. Neue Textmodelle als Impulse für neue Predigten*, Uta Pohl-Patalong/Frank Muchlinsky (Hg.), Predigen im Plural. Homiletische Perspektiven, Hamburg 2001, 55–67

Johannes Greifenstein, *Homiletische Bibelauslegung als praktische Hermeneutik. Einführung*, Ders. (Hg.), Predigt als Bibelauslegung. Praktische Hermeneutik in interdisziplinären Perspektiven, Tübingen 2022, 1–21

Eine wissenschaftliche Untersuchung der Exegeserezeption in der gegenwärtigen Predigtpraxis findet sich bei:

Christine Wenona Hoffmann, *Homiletik und Exegese. Konzepte von Rechtfertigung in der evangelischen Predigtpraxis der Gegenwart*, Leipzig 2019

Bibelhermeneutische Zugänge bieten:

Johannes Greifenstein, *Vom Text zur Predigt. Ein Beitrag zur Praxistheorie homiletischer Bibelauslegung*, Tübingen 2021

Sonja Keller/Kristin Merle (Hg.), *Evangelisch Predigen. Konturen homiletischer Textbezüge*, Leipzig 2022

Aus exegetischer Perspektive nähern sich der Thematik:

Michael Schneider/Michael Rydryck, *Bibelauslegung. Grundlagen - Textanalyse - Praxisfelder*, Göttingen 2022

Dank

Bücher – zumal solche, die der Praxis dienen sollen – entstehen ebenso wie Predigten nicht im stillen Kämmerchen und der Einsiedelei. Sie sind Produkt von intensivem Austausch, Reflektionen, dem konkreten Tun, gemeinsamem Denken und Streiten. Praxisbücher leben von Rückmeldungen zu ihrer Praxistauglichkeit, der Machbarkeit und Sinnhaftigkeit ihrer Übungen und schweben dabei immer zwischen zwei Welten – dem Fachdiskurs und der praktischen Anwendung ihres Inhalts.

Sebastian Weigert und Florian Specker danken wir dafür, dass sie sich auf die Annahme und die Betreuung dieses Projekts eingelassen haben und wir im Kohlhammer Verlag einen guten Ort für dieses Buch finden konnten. Gerd Theißens Bereitschaft, dieses mit einem Nachwort abzurunden, ehrt uns sehr und wir danken auch ihm herzlich. Zudem hatten wir das große Glück, dass uns zahlreiche Menschen, aus Forschung und Praxis, Pfarrpersonen und Prädikantinnen, Studierende und Theolog:innen ihren wachen Blick und Verstand für dieses Projekt zur Verfügung stellten und mit dazu beigetragen haben, dass das, was wir in unserem Atelier entworfen haben, heute – erprobt – in dieser Form vor Ihnen liegt. Dafür danken wir herzlich:

Christine Böckmann, Karen Bergstein, Jochen Cornelius-Bundschuh, Patrick Ebert, Nele Fornoff, Magdalena Herbst, Simon Layer, Heidrun Mader, Katrin Mette, Peter Meyer, Silvie Pölzer, Kristin Tröndle.

Werkbesprechung – ein Nachwort

Gerd Theißen

Das Gemeinschaftswerk von zwei Nachwuchstheologinnen aus Praktischer Theologie und Biblischer Exegese, Ch.W. Hoffmann und A.-K. Knittel, entwirft keine umfassende Predigtlehre, sondern bringt vor allem Predigtimpulse, um zur Predigt zu motivieren. Das Besondere in diesem Buch ist: Die Autorinnen finden diese Impulse in der Bibel, nicht nur in unmittelbar ansprechenden Bibeltexten, sondern auch in Texten, die durch exegetische Methoden zum Sprechen gebracht werden. Sie wollen so die „Rumpelkammer" exegetischer Methoden in eine Schatzkammer für Predigtimpulse verwandeln. In dieser Schatzkammer entdecken sie eine Ordnung, die sich an den bewährten exegetischen Methoden orientiert. Ihr Buch schwimmt insgesamt gegen den Strom in der Praktischen Theologie. Denn die Homiletik löste sich in ihr in den letzten 50 Jahren immer mehr von der Exegese. Die immer differenzierter werdende Exegese wurde als Produzent einer riesigen Hypothesenhalde erlebt, die den homiletischen Zugang zu den Texten erschwert. In der Homiletik wurden an Stelle des auszulegenden Textes andere Faktoren der Predigt wichtig: die Person der Prediger:innen, die Form und Sprache der Predigt, die Gemeinde als Adressat und die Verkündigungssituation. Zweifellos sind das Faktoren, die bei jeder Predigt bedacht werden müssen. Manchmal aber hat man den Eindruck, als müsse sich eine lebendige Predigt vor allem vom Primat der Exegese lösen, die als Bevormundung erlebt wurde. Diese Tendenz beherrschte ein halbes Jahrhundert die Homiletik. Doch wodurch gelingt es den beiden Verfasserinnen, hier gegenzusteuern, ohne die homiletischen Erkenntnisse der letzten Jahrzehnte zu missachten? Denn die homiletische Skepsis gegenüber der Exegese kam ja nicht von ungefähr.

Ihr Vorhaben ist durch die ästhetische Kunst inspiriert. Sie verstehen den Weg von der Exegese zur Predigt weniger als Anwendung von Erkenntnissen, sondern als Arbeit in einem künstlerischen Atelier, in dem sich exegetisches Handwerk mit kreativer Kunst verbindet. Man muss in einem Atelier einerseits Farben gut mischen können, andererseits Visionen vom zu malenden Bild entwickeln. Jedes Kapitel in diesem Buch wird daher durch Beispiele aus der bildenden Kunst eingeleitet. Die Begegnung mit Kunstwerken wird zum Modell für die Begegnung mit Texten. Dabei wird deutlich: Inspiration – in der Kunst durch die den Geist der Kunst (die „Muse"), in der Kirche durch den Heiligen Geist – ist notwendig, aber reicht allein nicht aus. Kunst kommt von Können und umfasst auch handwerkliche Expertise. Die liefert die Exegese – vor allem wenn sie nicht nur methodisch, sondern ästhetisch viele unsichtbare Aspekte und Dimensionen des Textes sichtbar macht.

Daher ist das Buch „handwerklich" sehr solide gegliedert. Es beginnt mit Übersetzungen, behandelt nacheinander die wichtigsten exegetischen Methoden, die im Proseminar gelehrt und gelernt werden, von der Text- und Literarkritik bis zur Formgeschichte. Das Ziel ist, auch in zunächst „trocken" wirkenden Fragestellungen wie Textkritik und Textüberlieferung Impulse für lebendige Predigten zu finden – und diese Impulse exemplarisch anhand von Bibeltexten aus den Perikopen zu veranschaulichen, die sich in unseren Predigtordnungen finden.

Was aber ist das Ästhetische bei diesen homiletischen Impulsen? Ästhetik lässt uns in dem, was wir wahrnehmen, mehr sehen als das, was wir mit sinnlichen Augen sehen. In ästhetischer Wahrnehmung wird eine Maus zur Erscheinung des Lebens überhaupt, eine Uhr zum Zeichen der Vergänglichkeit, ein Kreuz zum Symbol des Widerstands gegen Sünde und Leid. Was wir dabei wahrnehmen, beeindruckt als ein Selbstwert. Ein Kunstwerk ist sich selbst genug, gerade deshalb, weil es eine Tiefe eröffnet, die über das Wahrnehmbare hinausgeht. Deswegen ist ästhetische Erfahrung auch für darüber hinausgehende theologische Deutungen offen. Gott ist ein absoluter Wert in sich. Nirgendwo offenbart er sich mehr als im Menschen als seinem Ebenbild. Jeder Mensch ist als sein Ebenbild ein Selbstwert. Jeder ist ein Kunstwerk.

Die in diesem Buch entwickelten homiletischen Reflexionen lassen mit diesem ästhetischen Ansatz traditionelle Alternativen zwischen Exegese und Predigt hinter sich. Oft gilt die Exegese in der Vorbereitung der Predigt als Vorarbeit, bis man endlich eine zündende Predigtidee gefunden hat, oder sie wird als nachträglicher Filter empfohlen, um Predigtideen zu überprüfen. Zweifellos entstehen manche gute Predigten so. Der Prozess der Predigtentstehung kann aber auch in anderer Weise erfolgen: Die „kleinteilige" Beschäftigung mit dem Text, seinen Lesarten, inneren Spannungen, seinen Kontexten und den Formen und Motiven in ihm führt oft zu guten Predigtideen. Wir lassen mit der Exegese nicht nur eine trockene Vorarbeit hinter uns, um danach auf eine zündende Idee zu stoßen. Auch überprüfen wir mit der Exegese nicht nur nachträglich Ideen, die anderswoher stammen. Die Verfasserinnen sind überzeugt: Die Exegese selbst kann gute Ideen liefern. Sie ist kreativer, als viele denken, wenn man mit den Texten wie mit Kunstwerken umgeht.

Ferner wird in der homiletischen Tradition die Arbeit der Predigtvorbereitung oft solipsistisch als Gespräch zwischen Prediger und Predigerin auf der einen und dem Text auf der anderen Seite gedeutet. Aber immer wieder bringen die in diesem Buch vereinten homiletischen Impulse die Anregung, sich mit anderen Menschen zusammen mit dem Text zu beschäftigen – auch in ganz elementarer Form etwa dadurch, dass man sich den Text vorlesen lässt, so dass die Prediger:in zur Hörer:in wird, bevor sie selbst predigt.

Das Buch bietet keine umfassende Hermeneutik biblischer Texte, also keine Theorie, wie man die beiden wichtigsten Spannungen in einer theologischen Hermeneutik überwinden kann: den Gegensatz zwischen göttlichem und menschlichem Wort, zwischen vergangener und gegenwärtiger Zeit. Dafür zeigt es z.B. anhand des aaronitischen Segens (Num 6,22–26), wie in der Bibel von Gott geredet wird, und an vielen Beispielen, wie in ihr die Vergangenheit als Gegenwart weiter wirkt. Eine implizite Hermeneutik ist überall präsent, die in menschlichen Worten der Vergangenheit das gegenwärtige Wort Gottes hört.

Der hier vorgelegte homiletische Entwurf setzt eine Heidelberger Tradition fort. Hier lehrte der praktische Theologe Rudolf Bohren (1920–2010), der in seiner „Predigtlehre" von 1971 einen „pneumatischen" Ansatz vertrat, der im Bibelwort den Geist Gottes vernahm, und ihn mit einer ästhetischen Hermeneutik in seinem Buch verband: „Daß Gott schön werde. Praktische Theologie als theologische Ästhetik" von 1975. Auch Bohrens Homiletik verband beides: das inspirierte Predigtwort und eine Transparenz des Ästhetischen. Im Vergleich zu R. Bohren fehlt in dem hier vorgelegten Buch über die „Kunst der Textbegegnung" jedoch jede Abwertung von Psychologie und Soziologie, die man bei R. Bohren spüren konnte, auch wenn er sich von seinen Vorbehalten ihnen gegenüber lösen konnte. Denn er kannte meine Neigung zu Psychologie und Soziologie, aber beurteilte meine Predigten dennoch positiv, sie seien weit besser als meine Theologie. Noch in einer anderen Hinsicht merkt man die Entwicklung über vergangene Generationen hinaus: Dieses Buch steht in einem intensiven Dialog mit der internationalen Homiletik. Rudolf Bohren hatte für diesen Dialog gesorgt, als er Ende der 80er Jahre die internationale *Societas Homiletica* gründete. Als aber 1997 in der Theologischen Realenzyklopädie 27, S. 311–330, der lesenswerte Artikel „Predigt IX. Evangelische Predigt im 19. und 20.Jahrhundert" erschien, wird keine einzige Predigt oder Predigtlehre außerhalb des deutschsprachigen Raums behandelt oder genannt. Konnte die Redaktion für das 20. Jahrhundert keinen Sachbearbeiter für die internationale Homiletik finden? Immerhin gab es damals schon die internationale *Societas Homiletica*. Umso positiver ist, dass in den Abschnitten vorher in der TRE konsequent „außerdeutsche" Entwicklungen mitbehandelt werden. Doch auch innerhalb der deutschen Diskussion gab es kleine Lücken, die freilich nicht so wichtig sind: Meine Homiletik lag damals in drei Sprachen vor: „Le défi homilétique. L'exegèse au service de la prédication, Genève 1994, 15–118; The Sign Language of Faith. Opportunities for Preaching Today, London 1995; Zeichensprache des Glaubens. Chancen der Predigt heute, Gütersloh 1994. Eine chinesische Übersetzung wurde 2009 veröffentlicht. Dass meine Überlegungen zur Predigt mehr im Ausland interessierten als in Deutschland, war für mich kein Problem. Die Verbindung von Exegese und Homiletik war allgemein brüchig geworden. Und es gab schon bald Gegenbewegungen. In Heidelberg hatte seit 2001 Helmut Schwier einen Lehrstuhl für Neutestamentliche und Praktische Theologie inne. In diesem Umfeld konnte dieses Buch entstehen. Dennoch war ich positiv überrascht, dass die beiden Autorinnen einige Gedanken meiner Homiletik nach fast 30 Jahren selbständig und kritisch weiter entwickelten.

Unabhängig davon ist sachlich in jedem Fall richtig: Exegese und Homiletik gehören im Protestantismus zusammen. In den vergangenen Jahrzehnten drohte eine Scheidung zwischen beiden Disziplinen wie in einer instabilen Ehe. Das in diesem Buch entworfene Atelier bietet mit der „Kunst der Textbegegnung" eine Partnertherapie an, damit zwei theologische Disziplinen wieder zueinander finden können.

Hilfsmittel und Literaturempfehlungen. Eine Auswahl

Methodenbücher Altes Testament und Neues Testament

Uwe Becker, *Exegese des Alten Testaments. Ein Methoden- und Arbeitsbuch*, Tübingen ⁵2021.
Kurt Erlemann/Thomas Wagner, *Leitfaden Exegese. Eine Einführung in die exegetischen Methoden für das BA- und Lehramtsstudium*, Tübingen 2013.
Martin Ebner/Bernhard Heiniger, *Exegese des Neuen Testaments*, Tübingen ⁴2018.
Wilhelm Egger/Peter Wick, *Methodenlehre zum Neuen Testament. Biblische Texte selbstständig auslegen*, Freiburg ⁶2011.
Sönke Finnern/Jan Rüggemeier, *Methoden der neutestamentlichen Exegese. Eine Einführung für Studium und Lehre*, Tübingen 2016.
Thomas Hieke/Benedict Schöning, *Methoden alttestamentlicher Exegese*, Darmstadt 2017.
Udo Schnelle, *Einführung in die neutestamentliche Exegese*, Göttingen ⁸2014.
Helmut Utzschneider/Stefan Ark Nitsche, *Arbeitsbuch literaturwissenschaftliche Bibelauslegung. Eine Methodenlehre zur Exegese des Alten Testaments*, Gütersloh ⁴2014.

Praxisbücher Predigtsprache

Thomas Hirsch-Hüffell, *Die Zukunft des Gottesdienstes beginnt jetzt. Ein Handbuch für die Praxis*, Göttingen 2021.
Holger Pyka, *Spiel mit dem Wort! Kreatives Schreiben für Predigt und Preacher-Slam*, Göttingen 2019.

Angela Rinn, *Kurz und gut predigen*, Göttingen 2020.
Dietrich Sagert, *Vom Hörensagen. Eine kleine Rhetorik*, Leipzig ²2016.

Theoretische Reflexionen zu Predigt als/und Kunst

David Buttrick, *Homiletic. Moves and Structures*, London 1987.
Jana Childers, *Performing the Word. Preaching as Theatre*, Nashville 1998.
Jan Hermelink/David Plüss (Hg.), *Predigende Bilder. Was die Homiletik von Kunstwerken lernen kann*, Leipzig 2017.
Eugene L. Lowry, *The Homiletical Plot. The Sermon as Narrative Art Form*, Louisville 1980/2001.
Henry Mitchell, *Black Preaching. The Recovery of a Powerful Art,* Nashville 1990.
Martin Nicol, *Einander ins Bild setzen. Dramaturgische Homiletik*, Göttingen ²2005.
Martin Nicol/Alexander Deeg, *Im Wechselschritt zur Kanzel*, Göttingen ²2013.
Charles Rice, *Embodied Word. Preaching as Art and Liturgy*, Minneapolis 1991.
Sandor Percze, *Kunst, Kino und Kanzel. Die Ästhetik des Films und die Gestalt der Predigt*, Erlangen 2013.
Sunggu A. Yang, *Arts and Preaching: An Aesthetic Homiletic for the Twenty-First Century*, Eugene 2021.

Theoretische Reflexionen zu Predigt und Exegese

Elizabeth Achtemeier, *Preaching As Theology and Art*, Nashville 1984.
Elizabeth Achtemeier, *Preaching from the Old Testament*, Louisville 1989.
Charles H. Cosgrove/W. Dow Edgerton, *In Other Words. Incarnational Translation for Preaching*, Michigan 2007.
Alexander Deeg/Andreas Schüle, *Die neuen alttestamentlichen Perikopentexte. Exegetische und homiletische-liturgische Zugänge*, Leipzig ⁵2021.
Charles R. Dickson, *From Story Interpretation to Sermon Crafting: A Structured-Repetition Approach for Exegesis and Sermon Crafting of Old Testament Narratives*, Eugene 2011.
Johannes Greifenstein, *Vom Text zur Predigt. Ein Beitrag zur Praxistheorie homiletischer Bibelauslegung*, Tübingen 2021.
Johannes Greifenstein (Hg.), *Predigt als Bibelauslegung. Praktische Hermeneutik in interdisziplinären Perspektiven*, Tübingen 2022.
Christine Wenona Hoffmann, *Homiletik und Exegese. Konzepte von Rechtfertigung in der evangelischen Predigtpraxis der Gegenwart*, Leipzig 2019.

Sonja Keller/Kristin Merle (Hg.), *Evangelisch predigen. Konturen homiletischer Textbezüge*, Leipzig 2022.
Thomas G. Long, *Preaching and the Literary Forms of the Bible*, Philadelphia 1989.
William John Lyons/Isabella Sandwell, *Delivering the Word. Preaching and Exegesis in the Western Christian Tradition*, Sheffield/Bristol/Conn 2012.
Mark Allan Powell, *What Do They Hear? Bridging the Gap Between Pulpit and Pew*, Nashville 2007.
Haddon W. Robinson, *Biblical Preaching. The Development and Delivery of Expository Messages*, Ada ²2014.
Michael Root/u.a. (Hg.), *Sharper than a two-edged sword: preaching, teaching and living the Bible*, Grand Rapids/Cambridge 2008.
Michael Schneider/Michael Rydryck, *Bibelauslegung. Grundlagen – Textanalysen – Praxisfelder*, Göttingen 2022.
Gerd Theißen, *Zeichensprache des Glaubens. Chancen der Predigt heute*, Gütersloh 1994.

Digitale Hilfsmittel

Logos (www.logos.com/10)
- Suchfunktion für Begriffe, Bibelstellen
- Konkordanz
- Übersetzungsvergleich
- Interlinearübersetzung
- Kommentare

Accordance (www.accordancebible.com)
- Suchfunktion für Begriffe, Bibelstellen
- Konkordanz
- Übersetzungsvergleich
- Interlinearübersetzung
- Kommentare

Bibleworks (www.bibleworks.com)
- Suchfunktion für Begriffe, Bibelstellen
- Übersetzung (auf Englisch)
- Übersetzungsvergleich
- Konkordanz
- Lexika
- Synopse
- Kommentare
- Grammatik

Bibel-Online (www.bibel-online.net)
- Suchfunktion für Begriffe, Bibelstellen
- Konkordanz
- Übersetzungsvergleich (Neben dem Vergleich unterschiedlicher deutschsprachiger Übersetzungen können die Ursprachen mit in den Vergleich einbezogen werden.)
- Interlinearübersetzung

ERF *Bibleserver* (www.bibleserver.com)
- Suchfunktion für Begriffe (auch Wortteile und Überschriften), Bibelstellen
- Übersetzungsvergleich (Neben diversen deutschsprachigen Übersetzungen liegen zahlreiche Übersetzungen in andere Sprachen vor. Die Ursprachen sind hier nicht enthalten.)
- Kommentare (auf Englisch)
- Konkordanz

Die Bibel (www.die-bibel.de/bibeln/bibellexikon/konkordanz-themenregister/details/)
- Begriffslexikon
- Suchfunktion für Begriffe (auch Wortteile und Überschriften), Bibelstellen
- Konkordanz
- Übersetzungsvergleich (nur deutschsprachige Übersetzungen)

Bibelwissenschaft (www.bibelwissenschaft.de)
- Übersetzungen (Ursprachen sowie andere fremdsprachige Übersetzungen)
- Wissenschaftliches Bibellexikon im Internet: *WiBiLex* (www.wibilex.de)
- Wissenschaftlich-Religionspädagogisches Lexikon im Internet: *WiReLex* (www.wirelex.de)
- Online-Zeitschrift: *Die Bibel in der Kunst (BiKu) / Bible in the Arts (BiA)*
- Kommentar
- Bibelkunde (digitalisierte Form der Bibelkunde Altes Testament von Rösel und der Bibelkunde Neues Testament von Bull)

Exegese für die Predigt (www.bibelwissenschaft.de/efp/)
- (geplante) digitale, wissenschaftliche Kommentierung biblischer Texte für die Predigtarbeit ab 1. Advent 2023

Scripture for all (www.scripture4all.org/)
- Interlinearübersetzung

Bibel Hub (www.biblehub.com/interlinear)
- Interlinearübersetzung

Institut für Neutestamentliche Textforschung (INTF) (www.egora.uni-muenster.de/intf/)
- Texttraditionen
- Patristische Quellen
- Handschriften

Amen-Online (www.amen-online.de/bibel/synopse/)
- Synopse

Siegener Antike Texte zur Umwelt des Neuen Testaments (www.uni-siegen.de/phil/kath-theo/antiketexte/)
- Neutestamentliche Vergleichstexte

Bibelstudium München (www.bibelstudium.kaththeol.uni-muenchen.de/index.html)
- Kommentar
- Einleitungswissen
- Umwelt des Neuen Testaments

Wortwolken (www.edwordle.net / www.wortwolken.com)
- Tools zum Erstellen von Wortwolken

Analoges Handwerkszeug und Hilfsmittel

Studienbibeln

(Vorschläge für den Einbezug von Studienbibeln finden sich auf S. 25, 102/103.)

Die Bibel mit Erklärungen, Berlin ^{18}2020.
Elberfelder Studienbibel mit Sprachschlüssel und Handkonkordanz, Witten ^{3}2021.
Das Neue Testament jüdisch erklärt, Lutherübersetzung, Stuttgart 2022.
Neue Jerusalemer Bibel, Einheitsübersetzung mit dem Kommentar der Jerusalemer Bibel, Freiburg ^{16}2007.
Stuttgarter Erklärungsbibel, Stuttgart 2005.

Wörterbücher und Lexika

(Vorschläge für den Einbezug von Wörterbüchern und Lexika finden sich auf S. 24–26, 56, 102–104.)

AncBD. Anchor Bible Dictionary, 6 Bde., New York 1992.
Calwer Bibellexikon, 2 Bde., Stuttgart ^{6}2003.
EBR. Encyclopedia of the Bible and Its Reception, 20 Bde., 2009–2022.

EWNT. Exegetisches Wörterbuch zum Neuen Testament, Stuttgart ³2011.
EWNT. Exegetisches Wörterbuch zum Neuen Testament, Stuttgart ³2011.
HGANT. Handbuch theologischer Grundbegriffe zum Alten und Neuen Testament, Darmstadt ⁵2016.
Münchner Theologisches Wörterbuch zum Neuen Testament, Düsseldorf 1997.
NBL. Neues Bibel-Lexikon, 3 Bde., Zürich 1991–2001.
RGG⁴. Religion in Geschichte und Gegenwart, 8 Bde. + Register, Tübingen 1998–2007.
THAT. Theologisches Handwörterbuch zum Alten Testament, 2 Bde., Darmstadt ⁶2004.
THBLNT. Theologisches Begriffslexikon zum Neuen Testament, Witten ²2010.
The IVP Dictionary of the New Testament, Downers Grove 2004.
Martin Rothnagel, *Theologische Schlüsselbegriffe: Subjektorientiert – biblisch – systematisch – didaktisch*, ⁶2019.
ThWAT. Theologisches Wörterbuch zum Alten Testament, 9 Bde., Stuttgart 1970–2000.
ThWNT. Theologisches Wörterbuch zum Neuen Testament, 10 Bde., Stuttgart 1933–1979.
Walter Bauer, *Griechisch-Deutsches Wörterbuch zu den Schriften des Neuen Testaments und der frühchristlichen Literatur*, Berlin ⁶1988.
Walter Dietrich/Samuel Arneth (Hg.), *Konzise und Aktualisierte Ausgabe des Hebräischen und Aramäischen Lexikons zum Alten Testament (KAHAL)*, Leiden/Boston ²2019.
Wilhelm Gesenius, *Hebräisches und aramäisches Handwörterbuch über das Alte Testament*, Berlin/Heidelberg ¹⁸2013.
WAM. Wörterbuch alttestamentlicher Motive, Darmstadt 2013.

Interlinearübersetzungen

(Vorschläge für den Einbezug von Interlinearübersetzungen finden sich auf S. 25, 55.)

Interlinearübersetzung Griechisch-Deutsch, Novum Testamentum Graece 28, Witten 2012.
Interlinearübersetzung Hebräisch-Deutsch, Biblia Hebraica Stuttgartensia, Witten 1986.

Synopsen

(Vorschläge für den Einbezug von Synopsen finden sich auf S. 55, 74/75, 82, 112/113, 125.)

Kurt Aland (Hg.), *Synopsis Quattuor Evangeliorum*, Stuttgart ¹⁵1996.
Otto Knoch (Hg.), *Stuttgarter Evangelien-Synopse: nach dem Text der Einheitsübersetzung*, Stuttgart 2006.
Carl Heinz Peisker (Hg.), *Luther Evangelien Synopse*, Stuttgart 2007.
Josef Schmid (Hg.), *Synopse der drei ersten Evangelien. Mit Beifügung der Johannes-Parallelen*, Regensburg ¹⁵2022.

Konkordanzen

(Vorschläge für den Einbezug von Konkordanzen finden sich auf S. 56, 101/102, 112/113, 125.)

Kurt Aland, *Vollständige Konkordanz zum griechischen Neuen Testament*, Bd. 1,1: A–L, Berlin 1983. Bd. 1,2: M–O, Berlin 1983; Bd. 2: Spezialübersichten, Berlin 1978.
Computer-Konkordanz. Zum Novum Testamentum graece von Nestle-Aland, 26. Aufl. und zum Greek New Testament 3. Aufl., Berlin/Boston 2020.
Die Stuttgarter Konkordanz zur Einheitsübersetzung, Stuttgart 2009.
Abraham Even-Shoshan, *A New Concordance of the Bible*, Jerusalem ²1997.
Elberfelder Handkonkordanz, Witten ¹³2021.
Große Konkordanz zur Lutherbibel. Mit einem Anhang zur neuen Rechtschreibung, Stuttgart 2001.
Herbert Hartmann, *Kleine Konkordanz zur Lutherbibel*, Neukirchen-Vluyn 2002/2016.
Karl Huber/Hans Heinrich Schmid, *Zürcher Bibelkonkordanz. Vollständiges Wort-, Namen- und Zahlenregister der Zürcher Bibelübersetzung mit Einschluss der Apokryphen*, 3 Bde., Zürich 1969–1973.
Konkordanz zum Novum Testamentum Graece von Nestle-Aland, 26. Aufl. und zum Greek New Testament 3. Aufl., Berlin ³1987.
Konkordanz zur Schlachter 2000, Bielefeld 2015.
Gerhard Lisowsky, *Konkordanz zum Hebräischen Alten Testament*, Stuttgart ³2010.
Neue Konkordanz zur Einheitsübersetzung der Bibel, Düsseldorf ²2001.
Alfred Schmoller/Beate von Tschischwitz, *Handkonkordanz zum griechischen Neuen Testament. Nach dem Text des Nestle-Aland Novum Testamentum Graece 28. Aufl. und des Greek New Testament 5. Aufl.*, Stuttgart ⁹2014.

Kommentare

(Vorschläge für den Einbezug von Kommentaren finden sich auf S. 38, 52, 56, 77, 79, 80, 103/104, 106.)

Für ein Lesepublikum mit Hebräisch- bzw. Griechisch-Kenntnissen

BK.AT – *Biblischer Kommentar, Altes Testament*, Neukirchen 1955ff.
EKK – *Evangelisch-Katholischer Kommentar zum Neuen Testament*, Neukirchen 1975ff.
HNT – *Handbuch zum Neuen Testament*, Tübingen 1907ff.
HThKAT – *Herders Theologischer Kommentar zum Alten Testament*, Freiburg i. Br. 1999ff.
HThKNT – *Herders Theologischer Kommentar zum Neuen Testament*, Freiburg i. Br. 1953ff.
IEKAT – *Internationaler Exegetischer Kommentar zum Alten Testament*, Stuttgart 2013ff.
KEK – *Kritisch-exegetischer Kommentar über das Neuen Testament*, Göttingen 1832ff.

In englischer Sprache

AncB – Anchor Bible Commentary Series, New York 1964ff.
Belief. A Theological Commentary on the Bible, Louisville 2010ff.
ICC – International Critical Commentary, Edinburgh 1895ff.
NIGTC – New International Greek Testament Commentary, Exeter 1978ff.
WBC – Word Biblical Commentary, Dallas 1987ff.

Für ein Lesepublikum ohne Hebräisch- bzw. Griechisch-Kenntnisse

ATD – Das Alte Testament Deutsch, Göttingen 1949ff.
bibel heute lesen, Zürich 2018ff.
NEB.AT – Neue Echter Bibel. Altes Testament, Würzburg 1980ff.
NEB.NT – Neue Echter Bibel. Neues Testament, Würzburg 1983.1985ff.
NSK.AT – Neuer Stuttgarter Kommentar zum Alten Testament, Stuttgart 1992ff.
NTD – Neues Testament Deutsch, Göttingen 1932ff.
ÖTBK – Ökumenischer Taschenbuchkommentar zum Neuen Testament, Gütersloh 1979ff.
RNT – Regensburger Neues Testament, Regensburg 1956–1962.1974ff.
ThHK – Theologischer Handkommentar zum Neuen Testament, Leipzig u.a. 1928ff.
ZBK.AT – Zürcher Bibelkommentare. Altes Testament, Zürich u.a. 1976ff.

Einzelne exegetische Formate der Weiterarbeit

Marion Keuchen (Hg.), *Die besten Nebenrollen. 50 Porträts biblischer Randfiguren*, Leipzig ²2007.
Wolfgang Kraus/Martin Rösel (Hg.), *Update Exegese 2.1. Grundfragen gegenwärtiger Bibelwissenschaft*, Leipzig 2015.
Wolfgang Kraus/Martin Rösel (Hg.), *Update Exegese 2.2. Grundfragen gegenwärtiger Bibelwissenschaft*, Leipzig 2019.
Rüdiger Lux/Christfried Böttrich (Hg.), *Biblische Gestalten (BG)*, Leipzig 2001–2021.
Karin Schöpflin, *Die Bibel in der Weltliteratur*, Tübingen 2011.

Zeitschriften

BiKi. Bibel und Kirche, Hg. vom Kath. Bibelwerk (4 Hefte pro Jahr): Die Einzelhefte sind thematisch ausgerichtet und bieten kurze Überblicke über Neues aus Forschung und Exegese mit konkreten Anknüpfungspunkten für die Praxis.
Kunst und Kirche. Magazin für Kritik, Ästhetik und Religion (4 Hefte pro Jahr): Neben Aufsätzen und Essays namhafter Autor:innen liefern junge Wissenschafter:innen Diskussionsbeiträge und Denkanstöße zur Schnittstelle von zeitgenössischer Kunst, Architektur und Religion.

WUB. Welt und Umwelt der Bibel, Hg. vom Kath. Bibelwerk (4 Hefte pro Jahr): Die Einzelhefte sind thematisch ausgerichtet und bieten wissenschaftlich fundierte, kurze und gut lesbare Artikel, die das Oberthema aus archäologischer, exegetischer und theologischer Perspektive beleuchten.

Bibelstellenregister

Genesis
1,1–4a(4b-25)26–28(29–30)31a(31b);
  2,1–4a (Jubilate/IV) 57
2,4b–9(10–14)15(18–25)
  (15. S.n.Tr./II) 77, 78
4,1–16a (13. S.n.Tr./III) 43
8,1–12 (4. S.v.d.Passionszeit/VI) 78
8,18–22; 9,12–17 (20. S.n.Tr./I) 78, 82
16,1–16 (Miserikordias/VI) 115
22,1–14(15–19) (Judika/VI) 40, 100
32,23–32 (Quasimodogeniti/V) 77

Exodus
2,1–10 (Christfest I/VI) 98
3,1–8a(8b.9)10(11–12)13–14(15)
  (letzter S.n.Ep./I) 101
12,1–14 (Gründonnerstag/II) 100
14,8–14.19–23.28–30a; 15,20–21
  (Ostersonntag/III) 78
19, 1–6 (10. S.n.Tr./III) 101
20,1–17 (18. S.n.Tr./V) 108, 109
33,18–23 (2. S.n.Ep./V) 101
34,4–10 (19. S.n.Tr./VI) 89
34,29–35 (letzter S.n.Ep./IV) 117

Levitikus
16,20–22 (Karfreitag/WT) 100

Numeri
6,22–26 (Trinitatis/II) 109, 114

11,11–12.14–17.24–25 (26–30)
  (Pfingstsonntag/IV) 78

Josua
1,1–9 (Neujahr/I) 77, 85
2,1–21 (17. S.n.Tr./I) 29, 58, 62
3,5 –11.17 (1. S.n.Ep./I) 56, 105

1./2. Samuel
1. Sam 16,14–23 (Kantate/V) 117
2. Sam 12,1–10.13–15a
  (11. S.n.Tr./IV) 55, 65

1./2. Könige
1. Kön 10,1–13 (Epiphanias/VI) .. 57, 64
1. Kön 19,1–8(9–13a) (Okuli/IV) 101
2. Kön 5,(1–8)9–15(16–18)19a
  (3. S.n.Tr./VI) 131

Jesaja
7,10–14 (Christfest II/IV) 113
12,1–6 (14. S.n.Tr./IV) 79, 84
25,6–9 (Ostermontag/I) 56, 64, 67, 79
40,1–11 (3. Advent/V) 31, 77, 92
43,14–21 (Jubilate/V) 90
58,1–9a (Estomihi/III) 77

Jeremia
1,4–10 (9. S.n.Tr./II) 131
23,5–8 (1. Advent/IV) 54

23,16-29 (1. S.n.Tr./VI) 84

Ezechiel
2,1–5(6–7)8–10; 3,1–3
    (Sexagesimae/II) 83

Amos
5,21–24 (S.v.d. Passionszeit/VI) 131

Jona
4,1–11 (3. S.n.Tr./V) 126

Micha
5,1–4a (Christvesper/IV) 54, 61, 110

Sacharja
9,9–10 (1. Advent/III) 31, 103

Psalmen
19,8–14 (21. S.n.Tr./Ps) 54
23,1–6 (Miserikordias/Ps) 101
24,1–10 (1. Advent/VI) 55, 128
46,1–12 (Reformationstag/IV) 86
69,2–4.8–10.14.21b.22.30 (Palm-
    sonntag/Ps) 54
85 (Drittletzter S.d.KJ/III) 27
121 (Altjahresabend/Ps).................... 98

Klagelieder
5,1–22 (10. S.n.Tr./IV) 131

Sprüche
8,22–36 (Jubilate/I) 123

Matthäus
1,1–17 (Christfest II/V) 56
1,18–25 (Christnacht/III und
    Christfest II/II) 113, 117
2,1–12 (Epiphanias/I) 110, 111
5,17–20 (10. S.n.Tr./IV) 77
8,5–13 (3. S.n.Tr./IV) 56, 77, 112

13,44–46 (9. S.n.Tr./VI) 66, 77
20,1–16 (Septuagesimae/II) 131
21,1–11 (1. Advent/I) 103
25,1–13 (Ewigkeitssonntag/I) 77, 119
27,33–54 (Karfreitag/VI) 75
28,16–20 (6. S.n.Tr./III) 50

Markus
1,21–28 (Christnacht/III) 30
4,35–41 (4. S.v.d.Passionszeit/I) 98
7,31–37 (12. S.n.Tr./III) 125
8,31–38 (Estomihi/IV) 63
12,1–12 (Reminiszere/V) 112
14,(1–2)3–9 (Palmsonntag/II) 98
16,1–8 (Ostersonntag/IV) 37, 44
16,9–20 Quasimodogeniti/WT) ... 37, 41

Lukas
1,26–56 (4. Advent/IV) 77
2,1–20 (Christvesper/V) 77, 107
2,22–35(36–40) (Darstellung Jesu
    im Tempel/IV) 32
2,(22–24)25–38(39–40)
    (1. S.n.d. Christfest/III) 32, 77
2,41–51 (2. S.n.d. Christfest/III) 42
7,36–50 (11. S.n.Tr./V) 77, 98
10,25–37 (13. S.n.Tr./IV) 54, 105
10,38–42 (Estomihi/I) 54, 77, 119
13,10–17 (12. S.n.Tr./VI) 98, 103
15,11–32 (3. S.n.Tr./VI) 109
16,19–31 (1. S.n.Tr./IV) 77, 84
19,1–10 (14. S.n.Tr./II) 32
21,25–33 (2. Advent/II) 91
22,39–46 (Gründonnerstag/V) 42
23,32–49 (Karfreitag/IV) 75

Johannes
1,29–34 (1. S.n.Tr./V) 100
1,35–51 (5. S.n.Tr./V) 29
Joh 4,5–14 (3. S.n.Ep./I) 115
Joh 5,1–16 (19. S.n.Tr./I) ..54, 59, 66, 108

8,3–11 (4. S.n.Tr./IV) 29, 37, 45
16,23b–28(29–32)33 (Rogate/I) 62
21,15–19 (Miserikordias/IV) 79, 83

Apostelgeschichte
2,41-47 (7. S.n.Tr./V) 124
16,9–15 (Sexagesimae/I) 57, 77, 132

Römer
1,1–7 (Christfest II/I) 131
3,21–28 (Reformationstag/II) 23, 51
7,14–25a (22. S.n.Tr./II) 54, 61

1./2. Korinther
1. Kor 15,50–58 (Ostermontag/VI) ... 54
2. Kor 1,3-7 (Lätare/IV) 87
2. Kor 4,14–18 (Jubilate/VI) 132
2. Kor 5,1–10 (vorl. S.d.KJ/III) 43

Galater
1,6–10 (Sexagesimae/WT) 126
3,26–29 (17. S.n.Tr./VI) 30

5,1–6 (Reformationstag/III) 54, 62

Philipper
2,5–11 (Palmsonntag/VI) 73, 133

Kolosser
3,12–17 (Kantate/IV) 131

1. Thessalonicher
5,14–24 (14. S.n.Tr./III) 84, 90

2. Timotheus
1,7–10 (16. S.n.Tr./II) 130

2. Petrus
1,16–19(20-21) (letzter S.n.Ep./III) ...90

Offenbarung
3,14–22 (1. Advent/V) 54
5,6–14 (Ostermontag/III) 100
19,1–10 (7. S.n.Tr./WT) 100

Inhaltsübersicht – ein Register der Inspiration

Bekannt, aber doch ganz anders – ein Treffen im Atelier	7
Aufbau und Verwendung	16
Abkürzungen und Hinweise	19
Das Material vorbereiten – Übersetzung	21
Worum geht's?	21
Wie wird's gemacht?	24
Was wird daraus?	26
Die Übersetzung im Gottesdienst	26
Die Übersetzungen miteinander ins Gespräch bringen	29
Mehrdeutigkeiten nachgehen	29
Anspielungen einspielen	30
Die Vielfalt der Worte nutzen	31
Skizzen aus der Praxis: Verarbeitung von Übersetzungsentdeckungen	32
Die kreative Kraft der (Re-)Produktion – Textkritik	35
Worum geht's?	35
Wie wird's gemacht?	38
Was wird daraus?	41
Die Intention der anderen wertschätzen	41
Die Intention wertschätzen und in kritischen Dialog treten	41
Wortspiele mit den Varianten	42
Alternativen zur alternativen Lesart finden	43
Skizzen aus der Praxis: Verarbeitung von textkritischen Entdeckungen	44

Die Formen aufräumen – Sprachliche Analyse 47
Worum geht's? 47
Wie wird's gemacht? 49
    Satz-/Textebene 54
    Wort-/Lautebene 55
    Erzählzeit/erzählte Zeit 57
    Abstufungen/Wertungen 57
Was wird daraus? 59
    Den Text sprechen lassen 59
    Die Textdynamik aufnehmen 60
    Textmelodien nachspüren 62
    Sich vom Text überraschen lassen 62
    An Leerstellen weiterarbeiten 63
    Sich verlocken lassen, mit der Sprache zu spielen 64
    Mehrdeutigkeiten aufnehmen 65
    Vom Wortfeld zum Gottesdienstthema 65
Skizzen aus der Praxis: Verarbeitung von
sprachlichen Entdeckungen 66

Die Collage und ihre Spielarten – Literarkritik und
Redaktionsgeschichte 69
Literarkritik – Worum geht's? 70
Redaktionsgeschichte – Worum geht's? 72
Wie wird's gemacht? 76
    Die Unebenheiten im Text genauer betrachten 76
    Die größeren Linien in den Blick bekommen 79
Was wird daraus? 81
    Die Diskussion inszenieren 81
    Selbst redaktionell tätig sein 83
    Die Diskussion weiterführen 84
    Die langen Linien nachzeichnen 85
    Den historischen Ort entwerfen 86
    Die heikle Sache mit den Verfassern 87
Skizzen aus der Praxis: Verarbeitung von literarkritischen und
redaktionsgeschichtlichen Entdeckungen 91

Die Gemäldebeschriftung – Traditionsgeschichte 95
Worum geht's? 95
Wie wird's gemacht? 99
    Leitbegriffe ausmachen 99
    Motiven und Traditionen nachgehen 101
Was wird daraus? 107
    Die Zeitreise 107
    Orte sprechen lassen 108
    Die religiöse Einbettung 108
    Der sozialgeschichtliche Hintergrund 109
    Politik und Weltgeschehen 110
    Von anderen Autoren lernen 112
    Innertextliche Verweise 112
    Die Vielstimmigkeit zum Klingen bringen 113
    Mit dem Motiv spielen 115
    Der Spur der Motive folgen 117
Skizzen aus der Praxis: Verarbeitung von
traditionsgeschichtlichen Entdeckungen 118

Eine Plastik ist kein Gemälde – Formkritik 121
Worum geht's? 121
Wie wird's gemacht? 124
    Beschreiben der individuellen Form und Wahrnehmung
    der Bestandteile 124
    Die Form und ihre Passung 126
    Die Form und ihr Kontext 127
Was wird daraus? 128
    Den Kontext der Form inszenieren 128
    Das Spiel mit den Formen 131
    Neuerfinden in der Form 132
Skizzen aus der Praxis: Weiterarbeiten an und mit der
vorgegebenen Form 133

Predigt und Exegese – in guten und in bösen Tagen 137

Dank 147

Werkbesprechung – ein Nachwort 149

Hilfsmittel und Literaturempfehlungen. Eine Auswahl 155
Methodenbücher Altes Testament und Neues Testament 155
Praxisbücher Predigtsprache 155
Theoretische Reflexionen zu Predigt als/und Kunst........................... 156
Theoretische Reflexionen zu Predigt und Exegese............................. 156
Digitale Hilfsmittel 157
Analoges Handwerkszeug und Hilfsmittel 159
    Studienbibeln 159
    Wörterbücher und Lexika... 159
    Interlinearübersetzungen... 160
    Synopsen 160
    Konkordanzen.. 161
    Kommentare 161
    Einzelne exegetische Formate der Weiterarbeit 162
    Zeitschriften 162

Bibelstellenregister 165